POR QUE VOCÊ NÃO SE CASOU... AINDA

A CONVERSA SÉRIA QUE VOCÊ PRECISA PARA CONSEGUIR O RELACIONAMENTO QUE MERECE

TRACY MCMILLAN

POR QUE VOCÊ NÃO SE CASOU... AINDA

A CONVERSA SÉRIA QUE VOCÊ PRECISA PARA CONSEGUIR O RELACIONAMENTO QUE MERECE

Tradução de Flávia Souto Maior

www.lpm.com.br

L&PM POCKET

Coleção **L&PM** POCKET, vol. 1137

Texto de acordo com a nova ortografia.
Título original: *Why You're Not Married... Yet*

Este livro está disponível também em formato 14x21cm
Primeira edição na Coleção **L&PM** POCKET: dezembro de 2013

Tradução: Flávia Souto Maior
Capa: Sarah Coleman. *Ilustração*: Shutterstock
Preparação: Marianne Scholze
Revisão: Viviane Borba Barbosa

CIP-Brasil. Catalogação na fonte
Sindicato Nacional dos Editores de Livros, RJ

M683p

McMillan, Tracy
Por que você não se casou... ainda: a conversa séria que você precisa para conseguir o relacionamento que merece / Tracy McMillan; tradução de Flávia Souto Maior. – Porto Alegre, RS: L&PM, 2013.
256p. : 18 cm (Coleção L&PM POCKET, v. 1137)

Tradução de: *Why You're Not Married... Yet*
ISBN 978-85-254-3071-7

1. Casamento - Aspectos psicológicos. 2. Relação homem - mulher. 3. Mulheres - Psicologia. 4. Autorrealização (Psicologia). I. Título. II. Série.

12-6183. CDD: 155.2
CDU: 159.923

Rua Comendador Coruja, 314, loja 9 – Floresta – 90220-180
Porto Alegre – RS – Brasil / Fone: 51.3225.5777 – Fax: 51.3221.5380

PEDIDOS & DEPTO. COMERCIAL: vendas@lpm.com.br
FALE CONOSCO: info@lpm.com.br
www.lpm.com.br

Impresso no Brasil
Primavera de 2013

Sumário

Teste

Ou 38 motivos pelos quais você pode precisar deste livro

Responda com o máximo de sinceridade possível. Se não tiver certeza, deixe para lá e pule para a próxima pergunta.

Verdadeiro ou falso

1. Às vezes me pergunto o que tem de mais estar em um relacionamento amoroso.
2. A coisa de que mais gosto é *estar certa.*
3. Quero muito ser amada pelo que sou.
4. Fico tanto tempo no trabalho que tenho pensado em pintar meu escritório.
5. Pessoas legais me tiram do sério.
6. Tenho mais de dois afilhados (some 1 ponto extra para cada afilhado adicional).
7. Não me importo com aparência, a menos que o cara seja pobre ou burro.
8. Tenho especialização em uma área que não resulta em emprego algum.
9. Nunca traí ninguém na vida – exceto aquela única vez.

10. No que diz respeito à maternidade, minha idade está entre QSF e PQP.
11. Os homens se apaixonam quando transam.
12. Já bisbilhotei o celular ou o computador de um homem.
13. Já encaminhei a mim mesma e-mails ou torpedos do celular ou do computador de um homem (some 3 pontos).
14. Já apareci de surpresa no local de trabalho de um homem.
15. Às vezes me pergunto como a Grande Muralha da China foi construída sem minha contribuição.
16. Já me disseram que sou carente. Achei uma bobagem.
17. Já terminei um relacionamento por torpedo ou correio de voz.
18. Já olhei para a foto de um homem na internet e realmente senti que nos casaríamos (se você se casou *mesmo* com ele, some 10 pontos).
19. Tenho certeza de que sou médium.
20. Somando tudo, fiz terapia por mais de cinco anos.
21. Sou assinante da revista *Caras*. (*Contigo*, some 5 pontos. *Ana Maria*, some 8 pontos.)
22. Tenho um comportamento ou hábito com o qual juro parar assim que meu marido aparecer.
23. Esquecer é algo supervalorizado. Eu gosto de insistir nas coisas.
24. Gosto de namorar caras com emprego, rosto ou família melhores do que os meus.

25. Às vezes me acho gorda/feia/burra – mas *não* tenho autoestima baixa.
26. Minha estante está cheia de livros de autoajuda.
27. Eu li *Crepúsculo* (se leu até o fim, some 3 pontos; se comprou ingresso antecipado para o filme, some 7 pontos; se acampou na fila à porta do cinema, some 23 pontos).
28. Tentei fazer a coreografia de "Single Ladies" pelo menos uma vez.
29. Descubro o signo de um cara na primeira semana.
30. Sei o que é zabasearch.com.
31. Já mandei e-mail e torpedo fofo ou bicho de pelúcia dentro de uma caneca para um cara – mesmo quando, tecnicamente, não estávamos namorando.
32. Meu pai era mentiroso, trapaceiro, apostador, criminoso e/ou mesquinho.
33. Minha mãe era alcoólatra, deprimida, furiosa, linda e/ou extremamente bem-vestida.
34. Meus irmãos eram mais bonitos, inteligentes, atléticos do que eu e/ou do tipo que gosta de demonstrar superioridade.
35. O cão da família gostava de transar com as pernas das pessoas ou tinha outros problemas psicológicos.
36. Já escolhi o nome dos meus filhos (se for Bella ou Edward, some 12 pontos).
37. Estou solteira e não consigo entender o porquê.
38. Casamento é ridículo. E os homens são uns cretinos.

Calcule o resultado

Um ponto para cada "verdadeiro", mais os pontos extra indicados.

Não trapaceie.

1-9 PONTOS: VOCÊ PRECISA UM POUCO DESTE LIVRO

Mas certamente já vai saber tudo o que há nele. Então leia bem rapidinho, depois faça um favor à sua melhor amiga, irmã, falsa amiga ou colega de trabalho que está solteira e compre um exemplar para ela. Diga que considera tudo uma grande bobagem, mas que achou tão idiota que precisou dar a ela. Sugira que, quando ela terminar de ler, vocês se reúnam para rir das bobagens do livro. Torça para que ela acabe aprendendo algo mesmo assim.

10-19 PONTOS: VOCÊ PRECISA DESTE LIVRO

No mundo da medicina, pode-se dizer que uma pessoa está bem ou que está-bem-mas-precisa-se-cuidar. Você se encaixa no segundo caso. Não significa que *nunca* terá um relacionamento amoroso feliz se não descobrir o que está acontecendo com você, apenas que isso acontecerá muito mais rápido se descobrir. E, como um fungo, quanto mais se espera, pior fica. É necessário saber exatamente com que tipo(s) de fungo(s) se está lidando. Quando terminar de ler este livro, você saberá.

20-29 PONTOS: VOCÊ PRECISA MUITO DESTE LIVRO

Sua vida amorosa é como a véspera de ano-novo de um ano cheio de comilança, bebedeira e cigarros. Você está *exausta.* Não há como negar que você até se divertiu, mas agora está aliviada porque o ano acabou e finalmente poderá fazer algumas resoluções e se ocupar descumprindo-as. Para você, este livro é como 1º de janeiro – uma chance para recomeçar e fazer *certo* dessa vez. E, se estiver preocupada em sair da linha, saiba que não é necessário. Porque aprenderá neste livro que você *é* a linha.

30+ PONTOS: VOCÊ PRECISA MUITO, MUITO, MUITO DESTE LIVRO

Você já sabe que algo em sua vida amorosa *não* está dando certo. O que não sabe é que *nada* em sua vida amorosa está dando certo. Mas não se desespere. Resolver isso será muito mais fácil e agradável do que o que você está fazendo agora, que é tentar continuar em negação. Isso não é *nada* fácil.

Introdução

Com vinte e poucos anos, você estava bem – trabalhando, fazendo compras, embebedando-se nos finais de semana e transando com seu namorado (ou quem quer que fosse), não necessariamente nessa ordem. Então alguma coisa aconteceu. Mais um aniversário, talvez. O fim de um namoro. O casamento de sua melhor amiga. De repente, lá estava você: entrando na igreja com uma roupa de festa mais ou menos decente que poderia muito bem usar de novo, se combinada com um belo par de botas e uma jaqueta jeans. Enquanto caminha na direção do altar, olhando para um noivo que não é seu (não que você quisesse aquele cara, especificamente), você se vê, pela primeira vez, refletindo – *sensibilizada?* – a respeito de uma coisa muito louca:

Por que você não se casou? Por que não está nem *perto* de?

Racionalmente, você sabe que não há nada errado em não estar casada, mas, então, por que algo diz que há? É como se o Trem da Vida estivesse se preparando para partir da estação e você, de certo modo, estivesse tentando comprar a passagem em uma máquina que não funciona. Você fica passando o cartão de crédito, mas nada acontece.

A finalidade deste livro é ajudá-la a fazer uma coisa que – se você for como muitas mulheres que conheço – pode ser um sofrimento até mesmo admitir que você realmente quer. E essa coisa é *se casar*.

Mas vamos esclarecer algo desde já. Este não é um livro sobre como encontrar um homem. Na verdade, praticamente não fala de homens. Porque casar – como você já deve ter percebido a essa altura – não se resume a encontrar um homem. Há milhões de caras por aí. A pergunta é: por que você não está se casando com nenhum deles?

Este é um livro sobre *você*. Sobre o tipo de mulher que você é. Especificamente, se você é ou não o tipo de mulher que está pronta para se casar. E, se não for, como pode vir a ser. Naturalmente, você deve achar que já *é* essa mulher. Quem não acharia? Mas uma das ideias por trás do livro é que você possa estar preparada para dar uma boa e honesta olhada em sua situação atual – ok, uma olhada *melhor* e *mais honesta* – para realmente avaliar quais podem ser suas características negativas e como elas podem estar lhe prejudicando. É improvável que você esteja fazendo tudo errado. Mas também não é nada provável que esteja fazendo tudo certo. Somente estando disposta a realmente vasculhar sua alma e olhar com compaixão para o que quer que encontre lá você crescerá como pessoa – e, como resultado, estará pronta (ou mais pronta) para o casamento.

A premissa aqui é que casamento tem a ver com *amor*. Não o tipo de amor que faz você se sentir como a estrela de um extraordinário comercial da Banana Republic, mas o tipo que faz você se arriscar, colocar seu ego de lado, baixar a guarda e decidir amar um homem por *quem* ele é, e não pelo que você quer dele – mesmo se o que você quer dele é amá-lo. (E, é claro, casar-se e ter um bebê.) É simples assim: se você não é casada e quer se casar, precisa *expressar* mais amor. E não *conseguir* mais amor. Expresse. Sinta. Seja. Veja o amor em todo lugar.

Como disse Madonna – e eu sei que é brega –, basta abrir seu coração.

Alianças de ouro e armas

Então quem sou eu e por que você deveria me dar ouvidos? Bem, para começar, não sou o tipo de especialista que fez tudo certo nos seus relacionamentos amorosos e agora vai dar dicas preciosas sobre como se casar. Pelo contrário. Eu sou um (ex) fiasco total no que diz respeito a relacionamentos amorosos – e fiz um esforço enorme para sair dessa. Sou mais ou menos a versão feminina do ator Robert Downey Jr. – se homens fossem crack e alianças de ouro fossem armas – que finalmente chegou ao fundo do poço.

Nos últimos dez anos, aproximadamente, fui uma mistura de terapeuta amadora, conselheira amorosa e defensora da vida a dois. Meu "consultório" fica ao lado do bebedouro, na lanchonete, no café ou no banheiro feminino – normalmente no horário em que deveria estar fazendo meu verdadeiro trabalho (sou roteirista de programas de televisão e de cinema e, antes disso, escrevi para noticiários de TV durante quinze anos).

Não que alguma vez eu tenha saído por aí procurando "clientes". É mais como se eu estivesse me aprofundado em diversos tipos de assuntos como forma de *eu mesma* evoluir (eu precisava muito evoluir) e, invariavelmente, me via passando adiante o que havia aprendido – misturado com percepções sobre pessoas e com minhas experiências em relacionamentos amorosos. Com o passar dos anos, praticamente surpreendendo a mim mesma, comecei a ajudar algumas pessoas. Nunca esquecerei do dia em que estava caminhando em um grande shopping center em Beverly Hills e encontrei uma conhecida. Ela, empolgada, veio falar comigo e me disse que aproveitou algo de uma boa conversa casual que tivemos em um café dois anos antes e agora estava morando com um cara ótimo que ela amava. Que máximo! Fiquei muito feliz por ela e contente em saber que eu havia contribuído, de uma forma modesta, com algo para o planeta (os pontos principais daquela conversa no café transformaram-se no que agora é o Capítulo 9).

Aquele foi o primeiro de muitos encontros do mesmo tipo. Desde então, ajudei inúmeras mulheres a entrar na trilha do casamento – normalmente, não por tê-las ensinado a arrumar um homem, mas porque as ajudei a mudar sua perspectiva a respeito de ser mulher. Aquilo mudou a forma de pensarem sobre si mesmas e transitarem pelo mundo – e, em um piscar de olhos, estavam caminhando para o altar.

Também sou mãe de um adolescente. Já disse antes, e direi novamente, que garotos de catorze anos são como a versão protozoário unicelular de um marido. Muitas vezes já pensei em convidar minhas amigas solteiras para passarem um dia em minha casa e terem uma ideia clara do que as espera quando se trata de homens. Não estou dizendo que todos os homens são imaturos. É que todos eles têm uma parte dentro de si que se identifica com a parte dentro de mim que nunca saiu do nono ano. E, para amá-los (e amar a mim mesma), precisarei ser realista a esse respeito.

E há outra coisa importante sobre mim: me casei – e me divorciei – três vezes (sim, três). Uma vez na década de 80, outra na de 90 e mais uma na de 2000. De algum modo, também consegui encaixar três namorados que moraram comigo e quatro parceiros não muito companheiros, além de sofrer por muitos homens indisponíveis que não podiam ou não queriam me amar. Eu era uma garota ocupada.

Em minhas décadas de namoros (e casamentos), estraguei tantos bons relacionamentos e corri atrás de tantos ruins que aprendi muito sobre o que funciona e o que não funciona. Agora sou como alguém que advogou em causa própria e trabalhou tanto em seu próprio caso que pode ajudá-la com o seu. Sei o que você está fazendo errado porque já fiz isso. E sou a primeira a admitir que tenho um histórico bem duvidoso no que diz respeito a ficar casada.

Casar, no entanto, é *outra* história. Não me pergunte o porquê, mas atrair caras dispostos a casar comigo – ou pelo menos a dividir o mesmo teto – é o meu superpoder. (Falar muito fica em segundo lugar, por muito pouco). Pensei bastante nisso e cheguei à conclusão de que ao mesmo tempo em que sou doce e confiável, e que um homem pode ter certeza de que nunca ficará entediado comigo, não há nada de muito especial em mim. Há garotas por aí muito mais *casáveis* do que eu, mas que não têm um terço da minha quilometragem.

Acho que meu sucesso nessa área se deve mais à prontidão para me aproximar de (e escolher) homens dispostos a se comprometerem. Assim como – e isso é *muito* importante, e ainda mais difícil – à iniciativa de dispensar os homens que não tenham essa disposição.

O mérito não é todo meu. Grande parte se deve ao fato de eu ter crescido em lares adotivos. Entrei no mundo do namoro com um objetivo: evitar homens que me abandonassem. Se estivéssemos falando de presidentes dos Estados Unidos, eu apostaria tudo no gentil, atencioso, lascivo-apenas-no-coração Jimmy Carter – os Bill Clinton do mundo podiam ir tocar em outra freguesia. Na minha cabeça, a única coisa pior do que sair com um cara desses seria me casar com ele, e eu estava louca para me casar.

Deixe-me parar por aqui. Aposto que você está se perguntando como eu acabei no altar várias vezes antes de ter um único fio de cabelo branco. Muitas pessoas presumem que me casei com homens ruins e/ou que sou amarga em relação ao casamento devido a meus três divórcios. Não é nenhuma das duas coisas. Segue um resumo rápido.

MARIDO Nº 1: O segundo cara com quem fui para a cama, um cara que comecei a namorar aos dezessete anos (em defesa dele, eu menti; ele achava que eu tinha dezenove) e com quem me casei (em um barco) após um período bem razoável de dois anos de namoro. Ele era dez anos mais velho, tinha MBA e um ótimo emprego em uma empresa que fazia parte da lista das 500 melhores da revista *Fortune* (na qual ele *ainda* trabalha, por sinal, 28 anos depois) – em outras palavras, o genuíno bom rapaz, de boa família. O único problema era... eu. Eu era simplesmente nova demais para assumir – e manter – aquele tipo de compromisso.

MARIDO Nº 2: Treze anos depois, veio Dan, um cara muito legal, filho de pastor, que conheci no trabalho. Com seis meses de relacionamento, aos 31 anos, fiquei grávida. Querendo desesperadamente ter o tipo de família com que sonhava quando criança, eu sabia o que fazer – me comprometer –, mas não tinha ideia de como fazê-lo. Incapaz de superar uma vida inteira de abandono, depois de três anos de casamento simplesmente fiz o que me pareceu natural: fui embora. Ok, eu me mudei para um lugar a apenas cinco quilômetros de distância, mas fui embora mesmo assim. Simplesmente não conseguia tolerar o tipo de proximidade inerente ao casamento com um homem estável e amoroso. Não é uma desculpa, é apenas um fato. Hoje somos candidatos para o hall da fama da guarda compartilhada. Ou seríamos, se isso existisse.

MARIDO Nº 3: Por último, mas não menos importante, veio Paul, com quem me casei aos 40 e de quem me divorciei aos 41. Ele era o cara que eu vinha procurando a vida toda – fiquei, resumindo em uma palavra, *loucamente* atraída por ele – e o que descobri é que às vezes "alma gêmea" é apenas outro termo para "alguém que despertará todas as suas mais profundas mágoas de infância". Eu não sabia, mas Paul tinha todas as melhores (e piores) qualidades de meu pai, um homem para quem o adultério era mais do que um hobby – era uma vocação. Depois de oito meses de casamento, Paul decidiu começar a namorar uma menina de 21 anos, então, sabiamente, pedi que ele fosse embora. Foi um período muito, muito doloroso de minha vida – tanto para mim quanto para o meu filho –, mas, como a vida tem um modo especial (e excruciante) de funcionar, passar por esse relacionamento me libertou. E libertou *de verdade*.

Depois de passar relacionamentos inteiros assombrada pelo meu desejo por certo tipo de homem – excitante, sexy e, sim, totalmente indisponível –, agora sei por experiência própria do que se tratava a minha versão de Mr. Big: angústia. Na verdade, minha principal crítica a respeito de *Sex and the City* é fazer uma relação com Big parecer desejável, ou até mesmo possível, quando na verdade um homem dos sonhos é apenas isso: um sonho. Pergunte a qualquer viciado em drogas: tentar fugir da realidade não apenas consome muito tempo, mas é *agonizante*. Se não fosse assim, cara, todos estaríamos fazendo isso.

Em resumo, meus casamentos "fracassaram" – na verdade, "ruíram" é a palavra mais adequada – por uma razão muito simples: eu ainda não era a mulher certa para o casamento.

Ah, então **esse** é o motivo

Ok, se você ainda está por aqui, quero apresentar-lhe minha visão engraçada, meio autoajuda, meio irmãzona, meio espiritual e sem rodeios de como amar mais e amar melhor. Os princípios contidos neste livro têm o poder de mudar sua vida. Quando terminar de ler estas páginas, você estará mais otimista do que já esteve em anos, porque verá que as coisas que estão acontecendo com você podem ser remediadas se estiver disposta a lidar com elas.

O livro tem dez capítulos – um para cada uma das principais maneiras por meio das quais você pode estar sabotando sua capacidade de se relacionar. Recomendo simplesmente dar uma folheada no livro com a mente e o coração abertos. Depois, volte ao capítulo com o assunto que acha que precisa ser trabalhado e passe uma semana absorvendo as ideias que estão nele. Pratique fazer as mudanças sugeridas. Então siga para outro capítulo ou área em que identificou um problema. Lentamente, você vai incorporar essas novas formas de pensar sobre si mesma no campo do amor e dos relacionamentos. Não é uma corrida de curta distância. Nem uma maratona. É uma boa e longa caminhada em um dia claro de outono. Pode haver alguns obstáculos, mas na maior parte do tempo você deve apenas relaxar e curtir. A vida se encarrega do resto.

Em cada um desses capítulos, os assuntos principais serão discutidos primeiro, como por exemplo o que "Você é uma megera" realmente significa. Depois, desenvolverei o título para analisar o que vejo como a questão central subjacente a ele na seção chamada "A verdade por trás disso". Cada capítulo também incluirá "Observações da minha vida", momentos especiais e não tão especiais de minha própria vida em que estraguei tudo de maneira semelhante ao que você pode estar fazendo nesse exato momento. Assim como uma parte chamada (por exemplo) "Por que Lisa não se casou", para que você possa ver como outras mulheres perfeitamente encantadoras estão estragando tudo também. Isso ajuda a ver o que você está fazendo – pois você sabe que é muito mais fácil identificar um problema quando se está olhando para ele em outra pessoa.

Cada capítulo também abordará "Algumas coisas relevantes sobre os homens", em que compartilho com você o que aprendi com os homens no decorrer dos anos. Acho que ajuda saber que os homens não estão fazendo o que quer que seja *contra* você. Eles normalmente estão apenas fazendo alguma coisa, e você por acaso está ali do lado. Descobri que estar ciente disso me ajuda a não ficar tão furiosa com eles.

Depois de tudo isso, vamos direto às soluções, com a seção "O que você terá que mudar", que não tem nada a ver com usar maquiagem, fazer escova no cabelo ou perambular pelo setor de congelados do mercado e outros locais onde os homens se reúnem, mas tem tudo a ver com *mudar sua cabeça* – a respeito dos homens, do casamento, de você mesma. Então, como mudar é difícil (se não fosse, todo mundo estaria mudando), avançamos para "Recursos espirituais que podem ajudá-la a mudar". Esta seção vai, conforme prometido, colocar o problema em um contexto espiritual (não se preocupe, não jogarei nenhum blá-blá-blá místico para cima de você) e fornecer ferramentas para ajudá-la a realmente fazer essa mudança. Por último, mas não menos importante, encerraremos cada capítulo com "O que sua melhor amiga [ou mãe, ou colegas de trabalho, ou ex-namorado] sabe, mas não está lhe contando", que é o que as pessoas que amam você falariam se tivessem coragem o suficiente. Em vez disso, você saberá por mim, uma estranha – mas até o fim deste livro saberá muitas coisas constrangedoras a meu respeito e provavelmente estará me julgando como julga seus amigos mais íntimos. O que, espero, significa que você pelo menos irá *cogitar* me convidar para o seu casamento.

Já fique avisada: depois de tudo isso ter sido apresentado, vou sugerir algo completamente *punk rock*. Vou sugerir que você arrume um *deus*. Espere, volte aqui. Não precisa ser um cara barbado que mora no céu e uma igreja grande com pintura no teto – mas precisa ser *alguma coisa*, qualquer coisa que não seja sua cabeça e as coisas que ela diz. Um lugar além da razão e do puro intelecto. Porque, como eu disse, no fim das contas o casamento é uma viagem espiritual. Até mesmo para garotas como você.

A conclusão é que o casamento é apenas uma oportunidade de longa duração para praticar o ato de amar alguém mesmo quando você sente que essa pessoa não merece muito. E amar, em essência, é sempre espiritual – porque as pessoas têm defeitos e é *difícil* amar defeitos. Você pode apostar que, na maior parte do tempo, um homem não estará fazendo o que você quer que ele faça. Mas como o ama mesmo assim – já que você se convenceu a se transformar em uma pessoa que está praticando a ideia de ser gentil, profunda, virtuosa, verdadeira, altruísta, e, acima de tudo, que está aceitando sua própria natureza –, descobrirá que está vivenciando aquilo que sempre quis: o amor.

E eu não me surpreenderia se você acabasse casada.

POR QUE VOCÊ NÃO SE CASOU... AINDA

1. Você é uma megera

Ou como a raiva e o medo estão fazendo com que continue solteira

1. As pessoas pisam em ovos quando estão perto de você – e você até que gosta?
2. A ideia de que você deve ser legal com um homem a deixa irritada?
3. Antigos namorados já sentiram que você ficava na defensiva ou que era difícil se aproximar de você?

O NEGÓCIO É O SEGUINTE: a maioria dos homens simplesmente quer se casar com alguém que seja legal com eles. Ser legal inclui sexo, risadas e, de vez em quando – mas não a ponto de ser explorada nem nada do tipo –, cozinhar, dobrar a roupa dele ou fazer outras coisas que ele é muito preguiçoso para fazer por conta própria. Só porque você o ama. Isso é ser legal.

Essa é você? Se a pergunta a deixa irritada, a resposta provavelmente é não.

Mas só isso não faz de você uma megera. O que faz de você uma megera é o fato de *ficar brava com um cara até mesmo por ele querer essas coisas.* Ser uma megera é sentir-se superior aos homens (e às mulheres que os querem), revirar os olhos sem nem mesmo saber que os está revirando e ter muita tensão em volta da boca o tempo todo. É irradiar algo que faz as pessoas sentirem um pouquinho de medo de você. E você não apenas *não* se importa, mas se for muito, muito sincera, terá de admitir que até *gosta.* Só um pouquinho.

Isso é ser uma megera.

Ser megera é mais uma *energia* do que uma característica de personalidade. Não há nada de errado com isso *per se.* Todas temos uma megera interior, e ela é uma poderosa aliada que nos protege e impede de sermos exploradas. Mas, na maior parte do tempo – nos relacionamentos e na vida –, é necessário manter a arma na bolsa. Ou seja, há hora e lugar para ser megera – em uma difícil negociação no trabalho, por exemplo, ou quando se é ameaçada. Mas não em um encontro, durante um jantar. E não só porque é quinta-feira.

Infelizmente, a energia da *megerice* é perturbadoramente comum entre as mulheres solteiras. Talvez seja porque, em algum momento, ser megera tornou-se sinônimo de ser moderna. Quando eu estava iniciando a vida adulta, entre as décadas de 80 e 90, era algo de que as pessoas se orgulhavam. Não é de hoje que as megeras precisam ser domadas, Shakespeare já sabia disso. Ser megera era reivindicar um lugar na diretoria e também no quarto. Era um acerto antigo de contas por todos os anos de opressão masculina. Era justo. Conferia *poder.*

Mas quando se trata de namorar e casar (e, a propósito, ser mãe), assumir o controle total é um grande risco. Na verdade, para a maioria dos homens – e das mulheres também – é um grande fator impeditivo. Quem em sã consciência quer uma companheira que exija o controle total?

A verdade por trás disso

Então, quando digo que você é uma megera, estou querendo dizer que você tem *raiva*. No momento, você decerto não acha que tem raiva. Você se acha superesperta ou – se já fez muita terapia – acha que está estabelecendo limites, ou talvez considere-se uma pessoa intelectualmente curiosa e que gosta muito de debater. Mas a verdade é que você está irritada. Com sua mãe. Com a indústria farmacêutica. Mas pode ser que, acima de tudo, esteja brava com os homens. Está brava porque eles podem magoá-la, porque têm o poder de rejeitá-la, porque parecem preferir meninas bobinhas de 23 anos a uma mulher poderosa e fabulosa como você.

Pelo menos é o que você diz a si mesma. Mas minha experiência mostra que os homens não se importam se você é poderosa e não se importam se é fabulosa. Mas se importam se é emocionalmente instável, irritante, assustadora, amarga, fria e, principalmente, *pouco afetuosa.*

A raiva feminina aterroriza os homens. Eles não vão sair por aí admitindo, porque parte do tempo eles nem sabem disso, pelo menos não conscientemente. Mas depois de ter um filho vejo claramente quanto poder uma mulher tem na vida de um homem, e como nossa raiva (e não estou falando daquela raiva na hora de mandar juntar as meias do chão; estou falando do momento eu-sou-assim-então-aprenda-a-lidar-com-isso) afeta-os em um nível muito profundo. Para começar, todo homem tem uma mãe, certo? Da mesma forma que nós, mulheres, temos de lidar com o modelo que nosso pai estabeleceu para os nossos relacionamentos, os homens precisam lidar com a mãe. Só que dez vezes mais, porque pelos primeiros anos da vida deles aquela mulher foi a fonte de *tudo*: amor, frustração, broncas, bolachinhas. Não há como superestimar o impacto da mãe de um homem em sua psique. Não importa quem seja a mãe. Estou falando do fato de o homem ter tido uma. E quanto a ter *vivido dentro do corpo dela* por um tempo? Sério. É muito louco pensar sobre isso.

Por esse motivo, nós, mulheres, precisamos ter muita consciência de como expressamos nossa raiva (assim como os homens precisam ter consciência e ser cuidadosos quanto à forma de expressar a raiva deles). Sei que parece injusto que você tenha que contornar o medo e a insegurança de um homem para se casar – mas na verdade é perfeito, uma vez que contornar o medo e a insegurança de um homem é grande parte do que você fará como esposa. E não estou afirmando isso com desdém. É a mesma coisa se quiser ser mãe – você terá de contornar os medos e as inseguranças de seus filhos. Se quiser ser funcionária de alguém, terá de contornar os medos e as inseguranças de seu chefe. E se quiser ser amiga, terá de...

Bem, você já entendeu. Terá de maneirar na sua raiva.

Observações da minha vida de casada

Aos vinte anos, eu era uma jovem megera casada. As pessoas muitas vezes dizem que conhecem megeras casadas, e eu posso atestar porque fui uma delas. Mas, em minha experiência, bons casamentos têm um calor amoroso e uma adoração entre os parceiros que falta no casamento das megeras (como tenho certeza de que também falta no casamento de homens cretinos).

Eu não era tão ruim assim. Era engraçada e sociável e tinha um senso de aventura que geralmente tornava as coisas interessantes. Mas também era uma pessoa que não impunha muitos limites ao meu comportamento. Eu desrespeitava outras pessoas enquanto fingia para mim mesma que não o estava fazendo. Entregava-me à parte de mim que achava que poderia fazer com que o mundo ficasse como eu queria, mesmo que fosse às custas (emocionais) de outras pessoas.

Em resumo, eu era uma megera. E era assim que eu fazia:

1. *Eu era controladora.* Essa é a arma número um do arsenal da megera. É a maneira de garantir que ninguém fará nada que você não gosta – evitando de antemão. E o modo de evitar é fazer todos pisarem em ovos. Eu tensionava o corpo assim que alguém chegava perto de um assunto de que eu não gostava ou começava a fazer algo de que eu não gostava, e logo fazia caretas (e sons, se necessário) para comunicar meu desprazer. Todos que participavam de minha vida sabiam, após os primeiros meses, o que aquilo significava e se afastavam. Logo, os únicos que sobraram foram pessoas que acompanhavam os meu ditames – o que me levou a presumir que eu era uma jovem muito agradável quando, na verdade, não era.

Sorria!

Sabe o que dizem sobre os homens serem criaturas visuais? Bem, isso não significa apenas que eles preferem filmes pornô aos eróticos. Significa também que eles captam muitas informações sobre você *visualmente.* Isso quer dizer – e vai parecer estranho, mas é importante: *tenha cuidado com suas expressões faciais e linguagem corporal.* Algumas de minhas amigas mais megeras não têm ideia das expressões que carregam no semblante. Se tivessem, certamente quereriam mudar!

Você precisa pensar em seu rosto e em seu comportamento como uma expressão visual de seus pensamentos e sentimentos. Se cultiva o hábito de ter pensamentos raivosos, críticos e estressados, isso vai ficar nítido em seu rosto. Pode vir à tona na forma de uma boca muito séria, um olhar duro, um lábio retorcido, um gesto habitual de projetar os ombros ou os braços para trás ou qualquer outro tipo de linguagem corporal capaz de expressar algo que você não pretende.

Felizmente, há uma forma muito fácil de começar a combater isso: sorria! E com vontade. Isso não apenas iluminará o dia de todos à sua volta, mas também fará você se sentir melhor. E a deixará mil vezes mais atraente.

2. *Eu era manipuladora.* Ser manipuladora é uma forma discreta de conseguir que as pessoas façam o que você quer sem deixar marcas. Inclui falar "casualmente" com seu parceiro sobre outras pessoas... enquanto deixa claro quais dessas pessoas apresentam comportamentos que você considera censurável. Comportamentos que, coincidentemente, você vinha criticando em seu parceiro no dia, semana ou mês anteriores, e gostaria que ele interrompesse *imediatamente.* Se não funcionar, sempre há a culpa e as ameaças, quando você simplesmente diz à outra pessoa que, se ela continuar fazendo aquilo de que você não gosta, você acabará com câncer ou terminará com o relacionamento.

3. *Eu era crítica.* Minha atitude era: "Ninguém está fazendo nada certo por aqui. Ponto final". Além disso, eu achava que era melhor do que as outras pessoas, o que dispensa comentários. Se você é assim, sabe muito bem do que estou falando.

4. *Eu era rancorosa*. Se alguém fazia algo contra mim – ou se eu *entendesse* que alguém fez algo contra mim –, eu não hesitava em dar o troco. Como retaliação, eu podia apontar coisas que a pessoa disse no dia anterior, colocá-la para baixo para não se sentir tão confiante ou (minha favorita) dar-lhe uma lição. Argh.

Se essa não é uma lista das características que alguém não gostaria de ver em uma esposa, não sei o que é! Acima de tudo, eu precisava estar *certa*. Porque o que eu mais queria – ainda mais do que ser uma pessoa afetuosa – era dominar meu marido. Pode parecer irracional, mas na verdade não é. Eu tinha medo de ser vulnerável. Eu simplesmente não conseguia lidar com a ideia de deixar aquela pessoa, aquele *homem*, ter poder sobre mim – coisa que vem junto com ter um marido. Ou, mais precisamente, eu lidaria com isso calçando um par de botas de salto alto, pretas e brilhantes, e andando com um longo chicote de *dominatrix* que usaria sempre que tivesse vontade. Quando se pensa no quão assustada eu estava, aquele meu comportamento faz muito sentido.

Por que Leanne não se casou

Minha amiga Leanne apresenta outra forma de *megerice*, que se manifesta por meio de sua língua extremamente afiada. Ela parece não entender que homens são criaturas com sentimentos. Às vezes, gostaria de filmá-la e mostrar a ela, porque Leanne falando parece mais uma mulher tendo um ataque de nervos. A visão poderia deixá-la um pouco enjoada, mas pelo menos ela começaria a entender o que está acontecendo em seus relacionamentos com os homens e como eles a estão enxergando.

Nunca me esquecerei da vez em que vi Leanne puxar conversa em um restaurante com um diretor de comerciais muito bacana chamado Eric. Tenho um bom olho para caras que querem se comprometer, e Eric era um deles. Um pouco baixinho, talvez, mas muito fofo e gente boa. O fato de diretores de comerciais ganharem um salário do tipo mamãe-não-precisa-trabalhar é totalmente secundário em minha opinião, mas é o tipo de coisa que Leanne valoriza, então fiquei empolgada por um cara legal parecer interessado nela.

Na época, Leanne estava muito desesperada para ter um namorado e muito relutante em admiti-lo. Ela não queria estar desesperada. Mas àquela altura já estava sozinha há tanto tempo que começou a suspeitar de algo muito errado nela mesma – algo bastante óbvio para as outras pessoas, especialmente para os homens. Na maior parte do tempo, essa suspeita era muito dolorosa para ser confrontada diretamente – então, como alternativa, ela convenceu a si mesma de que era "intimidadora" e "fantástica" demais.

Bem, Eric, o diretor, estava nos dizendo que recentemente havia dirigido um comercial de cerveja e o estava editando novamente sozinho porque não achava que a versão do cliente representava bem seu trabalho. "Você quer dizer", Leanne interrompeu, sarcástica, "Miller Lite: versão do diretor?" O sorriso evaporou do rosto dele, o prazer de compartilhar fatos de seu trabalho com ela se foi. E ela se achou muito esperta.

Mas, na verdade, *inamorável* é o que ela era. No início da conversa tão interessado, Eric nunca pediu o número de telefone dela.

Leanne não sabe, mas sua (bastante comum) defesa é rejeitar os homens antes que eles tenham chance de rejeitá-la. A *megerice* é uma máscara para esse medo –

de se magoar, de intimidade. Leanne culpa os homens por não gostarem dela. "Os homens não gostam de mim", diz. Posso dizer que ela gosta do olhar hesitante no rosto das pessoas. Afinal, ela é uma morena alta e deslumbrante com uma carreira de sucesso como advogada corporativa. Supostamente, ela é um sonho – o que só serve para deixá-la duas vezes mais furiosa por nunca conseguir um segundo encontro.

É como se Leanne estivesse completamente comprometida com uma vida de ser terrivelmente incompreendida pelos homens. O que Leanne não entende é que não há nada de errado com *ela*, mas há muita coisa errada com o modo como ela se comporta. Não é razoável agir como uma sabe-tudo, dizer aos homens que estão errados sobre várias coisas, bufar e zombar do amor simplista deles por *South Park* e pela edição de biquínis da revista *Sports Illustrated*, competir com eles e depois disso esperar que queiram se relacionar com você. Em primeiro lugar, os homens são *pessoas.*

Algumas coisas relevantes sobre os homens

Digo com frequência que dar à luz o futuro marido de alguém me ensinou tudo o que eu *realmente* precisava saber sobre os homens. Por exemplo, aqui está o que meu filho adolescente quer da vida: macarrão com queijo, um videogame e a Kim Kardashian (ou alguém parecida com ela se você forçar a vista). Você já viu a Kim Kardashian toda alterada e brava com um cara? Claro que não. Você a viu sorrir, rebolar e gravar um vídeo erótico (e se casar e se divorciar em menos tempo do que as outras pessoas levam para pegar a roupa na lavanderia, mas meu filho não sabe disso).

Não me leve a mal. Não estou dizendo que você precisa se transformar em uma fantasia masculina.

Provavelmente não (o tipo de cara disposto a se comprometer provavelmente dispensaria Kim: ela é um pouco desesperada demais por atenção – digo isso com todo o amor do meu coração –, e caras do tipo disposto a se comprometer não querem ter de lidar com isso). O que estou dizendo é que, por dentro, cada homem é uma criatura muito simples que só quer apreciar uma mulher, e não travar uma batalha com ela. E você não vai convencê-lo do contrário, nem com um (perfeitamente válido) argumento feminista.

Mas talvez não haja nada que faça um homem rejeitá-la mais do que a *megerice*. Para muitas mulheres, isso é muito difícil de ouvir. Elas realmente querem que o problema seja a insegurança ou a misoginia deles. Sim, existem alguns homens inseguros e misóginos por aí que querem vingar-se (ou defender-se) do fato de as mulheres terem o poder de rejeitá-los. Mas, sinceramente, não passam da versão masculina de uma megera!

No entanto, existem outros homens – homens racionais e bons – que sentem compaixão quando veem uma megera. Eles são capazes de entender claramente que a *megerice* vem do lugar onde ela guarda suas mágoas e ao mesmo tempo sabem que não têm o poder de curar essas mágoas. Então eles nem tentam. Porque, por melhor que seja a garota, ninguém quer passar todo o tempo, entra dia, sai dia, na linha de fogo.

O que você terá que mudar

Enfim chegamos aos aspectos fundamentais. Se você é uma megera e quer se relacionar com alguém, terá que agir diferente. A boa notícia é: o que você precisa fazer é muito, muito simples. A má notícia é que provavelmente você vai se irritar. Então direi de uma vez.

Você terá que ser legal.

Ser legal é a alternativa à energia da *megerice*. Os homens chamam isso de "meiguice". Se perguntar a um cara o que mais falta nas mulheres "disponíveis no mercado" hoje, é quase certo que ele dirá: há um grande déficit de mulheres meigas. E no mundo do casamento, em que as apostas são arriscadas como em um cassino – muito diferente da empolgação de um namoro, mais parecido com o arranhar de uma raspadinha –, as meninas meigas terminam com uma alianca na mão esquerda.

E o que é ser legal? Primeiro, deixe-me dizer o que *não* é. Não é legal estar certa a maior parte do tempo ou o tempo todo, discutir muito, ser ríspida, concentrar-se mais no que um homem não tem do que no que ele tem ou achar que os homens são máquinas de instalar prateleiras, feitos para fazer filhos, apoiar você ou completar a ideia que você tem da sua própria vida.

Ser legal é ser suave, divertida, gentil e, aham, *penetrável*. Você precisa dar espaço para o cara entrar na sua. Se for muito fechada, ele não consegue fazer isso. Uma garota pode ser gostosa, sexy, poderosa, inteligente, dinâmica e interessante, mas, se não for meiga, a maioria (não todos, *a maioria*) dos homens não vai querer casar com ela. Ele pode achar o sexo bom, adorar sua sagacidade, respeitar seu trabalho e achar que você arrasa, mas a menos que acrescente meiguice à mistura essas coisas não passam de destinos empolgantes. Como, digamos, Reykjavik. Pode ser divertido visitar, mas o frio é brutal demais para se querer morar lá. No entanto, coloque Reykjavik, digamos, na Califórnia e a coisa muda de figura.

Preste atenção em si mesma agora. Você ficou muito irritada por saber que muitos homens acham que ser legal é ser meiga? A ideia de ser meiga – ou, mais precisamente, a ideia de *precisar* ser meiga – deixa você furiosa? É disso que estou falando. Se deixa, então você tem um problema.

Ser legal não é degradante. É o que faz a p... do mundo girar! E principalmente o que faz um casamento funcionar. É a chamada Regra de Ouro e, até onde sei, está acima de qualquer coisa. Infelizmente, algo que percebi em relação a várias mulheres que conheço e que não são casadas, mas que gostariam de ser, é que elas não são muito legais, principalmente com os homens. Elas não tratam os homens de acordo com a Regra de Ouro porque, em alguma medida, não acham que devem. Ainda mais comum é acharem que são legais quando não são. Uma boa forma de saber se isso se aplica a você é ver se, neste momento, está supercerta de que a resposta é não. Outra forma é perguntar a três de suas melhores amigas se elas acham que há alguma probabilidade de as pessoas considerarem você uma megera. Se elas derem um daqueles olhares que duram três segundos e dizem será-que-posso-mesmo-dizer-a--verdade, já tem sua resposta.

Gentileza não é algo que valorizamos muito em nossa cultura. Gostamos de sarcasmo, competição e drama – pelo menos a julgar pela audiência de muitos *reality shows.* Curiosamente, todas concordamos que um homem gentil é uma coisa boa. Ninguém vê problema em afirmar que um homem *deveria* ser gentil. Nenhuma de nós gostaria de ver a melhor amiga casada com um homem indelicado ou colérico. Mas quando se diz que uma mulher *deveria* ser gentil, e especialmente quando se diz que deveria ser gentil com o homem de sua vida, isso às vezes assume uma conotação diferente. A ideia de que ser gentil é uma coisa muito,

muito importante para as mulheres é encarada por alguns como opressiva. Como se a mulher precisasse renegar ou reprimir uma parte de si para praticar a gentileza, especialmente no que diz respeito a seu homem.

Eu só gostaria de dizer que *isso é bobagem.*

Então, como se muda um comportamento que você mudaria se pudesse, mas não muda porque não pode?

Cozinhar é cuidar

Durante anos, fui candidata aos Micro-ondólicos Anônimos, se existisse algo assim. Para mim, cozinhar era o fim da picada. Tive vários apartamentos em que o fogão ficava praticamente intocado e na geladeira só havia um litro de leite. Minha especialidade era pegar comida para viagem. A ideia de ter que cozinhar para um homem? Ridícula e ofensiva. Eu dizia a todos os meus namorados que estava comprometida a passar a vida inteira ganhando dinheiro suficiente para comer as três refeições do dia em restaurantes.

Um dia, uma mulher muito sábia em minha vida – mãe de cinco filhos, casada e feliz há vinte anos – me disse algo bem simples: "Cuidar é uma coisa boa, Tracy. E cozinhar é uma parte importante disso". Nunca havia me ocorrido que cozinhar para mim e para os outros realmente era uma forma de dar carinho às pessoas que amava, incluindo eu mesma – e eu era péssima nisso. O que eu não podia fazer por mim, certamente não podia fazer por um homem.

Então comecei a cozinhar. Primeiro, coisas fáceis como beterrabas assadas ou frango na panela elétrica. Depois, ampliei a lista e incluí alguns tipos de massa e sopas. Logo estava preparando todo tipo de delícias (pergunte sobre meu lombo de porco!). Agora, quando entra um novo homem em minha vida, certamente cozinho para ele em um dos primeiros encontros. É *divertido* e você não vai acreditar como eles apreciam essas coisas.

Aprendi que, para um homem, a mulher cozinhar *e* ser legal equivale a ganhar o prêmio máximo em um programa de perguntas e respostas na TV. Porque comida é mais do que subsistência. É amor. Afinal, você estaria disposta a cozinhar para seus filhos, não estaria? Então por que negar isso a seu homem?

Recursos espirituais que podem ajudá-la a mudar

Você precisará lançar mão de alguns recursos espirituais. Como eu disse, este livro inteiro é baseado na ideia de que o casamento é um caminho espiritual. Talvez não precise ser um caminho espiritual para todo mundo – pode ser que Donald Trump não ligue a mínima para tudo isso –, mas para você talvez precise, caso queira se casar e isso simplesmente não esteja acontecendo.

Em geral, os recursos espirituais são algo que você não quer fazer, ou algo que acha que só é feito por pessoas como Madre Teresa ou Angelina Jolie. Sua mente dirá que é uma perda de tempo, ou que você já tentou aquilo, ou que é difícil demais. Mas você precisa mandar sua mente tirar uma folga. Porque *fazer uso de recursos espirituais funciona.* Funciona melhor do que vodca, pilates ou compras. Mas – e aqui está o segredo – só é bom depois que você já fez.

Falaremos mais sobre recursos espirituais no decorrer do livro, mas comecemos do início. Qual a solução espiritual para a energia da *megerice*?

Perdoar. Se você conseguir perdoar de verdade, sua raiva vai evaporar. E com ela irá embora a motivação por trás da *megerice*. Perdoar é deixar você, sua mãe, seu ex-namorado e qualquer outra pessoa que já a tenha magoado – mesmo que tenha sido sério – livre de culpa. Não porque você é um ser superior, mas porque finalmente entendeu que *não há culpa*. O que chamamos de culpa na verdade é apenas a condição de ser humano – o que significa ser profundamente imperfeito de um modo que *irá*, mais cedo ou mais tarde, magoar outra pessoa. Quem aqui nunca feriu outra pessoa? Vou dizer quem: ninguém! Ok, alguns estão se saindo melhor do que outros, mas é um tanto arrogante ter *orgulho* disso – afinal, enquanto estivermos vivos sempre existirá a possibilidade de falhar. De ser humano.

A chave para passar pela vida sem se recolher dentro da megera que há em você – nem ficar brava, temerosa e defensiva – é perdoar. E como se faz isso? A melhor forma é *mudar sua história*. Mude o modo como pensa e fala sobre o que deu errado em sua vida – especialmente sobre as coisas que a decepcionaram ou deixaram com raiva. A história é uma das ferramentas mais poderosas que você tem. É como você – e todas as pessoas – molda sua experiência. Foi por isso que aquele pessoal pré-histórico da França fez os desenhinhos na caverna. Eles queriam garantir que todo mundo, pelos 32 mil anos seguintes, soubesse sobre todos os bisões que eles estavam caçando e matando. Eles se definiam por isso.

Contamos a nós mesmos, e às outras pessoas, histórias sobre quem somos, o que aconteceu conosco e como é o mundo. Levamos nossa história conosco a todos os encontros e para todos os relacionamentos que temos. O que poucas pessoas percebem é que as histórias que contamos sobre nós mesmos acabam se tornando verdade – porque a história molda o pensamento, o pensamento molda a percepção, a percepção molda as escolhas, as escolhas moldam as ações, e as ações são, em última análise, o destino.

Entendeu? Esse lance da história é *importantíssimo*.

A parte boa é que você tem poder absoluto e unilateral sobre sua própria história. É claro que muitas pessoas vão tentar (e vão tentar *com afinco*) fazê-la aceitar a versão *delas* de sua história, mas na verdade elas não têm poder para obrigá-la a isso. É fundamental que você molde sua história de maneiras que a fortaleçam, e não que a deixem irritada ou a transformem em vítima.

Arranque o elástico

Uma forma de pensar o perdão é imaginar-se experimentando um par de sapatos em uma loja de departamentos. Sabe aqueles que têm um elastiquinho para garantir que os dois pés fiquem juntos na prateleira? Não importa com quem ou com o quê você esteja brava, você está presa a isso. Não só isso, mas você está presa ao que acredita que lhe fizeram. Você acha que o que fizeram define *quem você é*.

E sabe quando experimenta aqueles sapatos, esquece que estão amarrados e dá um passo normal? Você quase cai, porque o elástico só tem cinco centímetros de comprimento. É exatamente assim que a raiva, o medo e a atitude defensiva limitam sua movimentação para a frente.

Eles te derrubam – e também fazem com que você pareça ridícula, bem ali no meio da seção de sapatos.

Perdoar é optar por arrancar o elástico que a está segurando em um lugar. E a única pessoa que pode arrancar o elástico é *você*. Você precisa decidir que não quer mais ficar presa ao passado. Por um tempo, pode achar que ainda está dando passos pequenos, como se os sapatos ainda estivessem amarrados. Mas aos poucos, praticando o perdão, vai perceber que se sentirá mais aberta, mais carinhosa, mais livre.

Vou compartilhar o melhor exemplo disso na minha própria vida. Como eu disse, passei a infância em lares temporários. Até começar a moldar minha própria história sozinha, eis um esboço básico do que estava acontecendo: eu nasci. Minha mãe, Linda, me entregou para adoção. Meu pai, Freddie, foi preso. E eu fui para vários lares temporários, até finalmente ir parar em um bom, onde fiquei por quatro anos. Então meu pai saiu da prisão e reivindicou minha guarda, me levando para morar com sua namorada. Ele acabou voltando para a prisão pouco tempo depois, e eu fiquei com a namorada, que não era nada fácil, até completar dezoito anos. Tem mais, mas já deu para ter uma ideia.

Em resumo, meu entendimento da vida era a versão superdramática, de Sessão da Tarde, da história: *Tracy M.: Indesejada, Desprezada e Sozinha.* Obviamente, se eu insistir em me ver como vítima, há muito a ser trabalhado aqui. Tenho muita coisa com que me irritar no que diz respeito a Linda e Freddie. Eles foram pais terríveis. E eu fui maltratada. Certo?

Errado. Porque isso é apenas um modo de reunir os fatos.

Aqui vai a versão da história com os recursos espirituais: eu nasci. Após meras doze noites de sábado, dei uma olhada em meu pai cafetão criminoso e em minha mãe prostituta e alcoólatra e disse a mim mesma: "É claro que você pode mais do que isso". Dei o fora dali e (depois de algumas paradas infelizes que me ensinaram muito sobre a vida e as pessoas) de alguma forma garanti um ótimo lugar na casa de um pastor luterano, sua esposa e seus cinco filhos, onde pude experimentar a vida da classe média, frequentar uma ótima escola particular e ter o tipo de vida segura e estável que eu *nunca* teria com Linda e Freddie. Então, bem antes de entrar em algum conflito adolescente ridículo com aquelas pessoas maravilhosas, mas superconservadoras, fui parar na casa de uma feminista, da primeira geração de *hipsters*, que me expôs a muitas ideias radicais, garantiu que eu fosse para boas escolas, me ensinou sobre arte e, talvez o mais importante de tudo, me deixava ver intermináveis horas de televisão – preparando assim o terreno para minha atual carreira como roteirista de TV.

Adivinhe que versão desse filme tem o final feliz?

Quero que comece a pensar em como você pode mudar o roteiro de sua vida. Especialmente as partes mais dolorosas: o péssimo fim de namoro depois da faculdade, o longo período solitário depois que completou trinta anos, a infância estúpida, a grande decepção na carreira. Veja se pode modificar a história, só um pouco, para algo que não provoque sentimentos tão ruins. E se puder fazer você rir, melhor ainda.

Criar um novo sistema de crenças é mais ou menos como bloquear a saída de uma via expressa. Permanentemente. Quando perceber que está dirigindo por essa estrada, tentando recuperar suas antigas histórias – de que forma seus pais acabaram com sua vida, como os homens são cretinos ou como existe algo errado com você –, será preciso passar direto por aquela saída e, em vez dela, pegar a entrada para sua nova história. No começo, é bem chato e ficamos esquecendo que aquela saída de sempre está fechada. Muitas vezes será preciso recuar, dar a volta em algumas coisas e desviar alguns quilômetros de seu caminho. Vai parecer que você está muito atrasada, mas logo descobrirá uma nova saída. Não pegará mais a antiga inconscientemente e ficará feliz em descobrir algo extraordinário: você chegou a um lugar bem menos tumultuado

O que sua melhor amiga sabe, mas não lhe contou

Então vamos resumir o que abordamos no Capítulo 1, dando uma boa olhada no que ninguém teve coragem de dizer na sua cara:

- ***Você é uma megera.*** Você não é legal, e os caras não querem se casar com você por causa disso. Não é por serem misóginos, mas porque ninguém quer passar o resto da vida ao lado de alguém que está brava o tempo todo.
- ***Megerice, na verdade, é raiva e atitude defensiva.*** A raiva parece se justificar, e é por isso que parece tão justa. Mas e daí? Parafraseando um antigo ditado, você prefere estar certa ou casada?
- ***Seja legal.*** Isso é tão básico que você já deveria saber. Mas por algum motivo você está achando que pode criticar e julgar os homens e que, ainda assim, eles vão passar o resto da vida com você. Não vão.

- ***Aprenda a perdoar.*** Você não conseguirá ser legal até aprender a perdoar. Precisa deixar as pessoas – especialmente os homens – livres de culpa, porque não há culpa. Perdoar as pessoas também fará você sorrir mais e ficar ainda mais bonita.

- ***Arrume uma nova história.*** Essa é a melhor forma de perdoar. Seja criativa! A vida é sua e só se vive uma vez. Mude sua narrativa para se fortalecer, e a raiva interior, que é a motivação por trás da *megerice*, desaparecerá naturalmente.

2. Você é superficial

Ou conseguindo o que quer e outras mentiras

1. Você está esperando por um cara de certa altura ou nível financeiro?
2. Seus amigos dizem que você é muito chata com suas escolhas, mas você se acha apenas exigente?
3. Você já dispensou um bom homem porque ele não correspondia ao que você queria em termos de aparência/roupas/salário?

IMAGINE UM CARA QUE SÓ QUEIRA NAMORAR LOIRAS. E de preferência com peitos grandes. Ele vai a festas, conversa com mulheres perfeitamente agradáveis – mulheres como você, talvez –, mas não quer saber de ninguém com cinco quilos a mais ou tornozelo grosso. Quando amigos sugerem que ele desvie só um pouco seus padrões – e talvez tente uma morena, ou saia algumas vezes com uma mulher nota 7,1 só para ver se acende alguma chama –, ele diz que sente muito, mas é uma questão de química – e ele só tem química com mulheres notas 8, 9 e 10.

Qual sua impressão a respeito desse cara? Você acha que ele é um cretino, não acha?

Mas se você é uma mulher que quer um homem de certa altura, ou com certo volume na carteira, ou com um tipo específico de emprego, educação ou bagagem familiar, não é tão diferente do homem que quer uma mulher de peitos grandes e cabelos loiros. Sabe aquele cara pelo qual não tem respeito algum, aquele que você considera – não, que você *sabe* – que é um babaca? Bem, aquele cara é *você.*

Odeio dizer isso, mas... *você é superficial.*

Ser superficial é preocupar-se mais com a aparência de um homem do que com o que ele *é.* É quando você pensa mais no que seus amigos vão achar dele do que no que sente por ele quando estão sozinhos. É quando você não consegue parar de imaginar que, se ele se vestisse um pouco melhor, fosse um pouco mais bonito, tivesse um trabalho um pouquinho mais interessante ou tivesse muito mais dinheiro, poderia estar disposta a considerá-lo de verdade.

Ser superficial não é bom. Não só porque não é muito legal (ver Capítulo 1, "Você é uma megera"), mas também porque, quando um homem bom encontra uma mulher superficial, o coração dele se congela. O que significa que ele pode até aceitar se divertir um pouco com você, mas nunca comprarão uma casa juntos.

A verdade por trás disso

Ser superficial tem a ver com perfeccionismo. A pessoa não se conforma com algo bom o bastante – precisa ser *perfeito.* Você quer que todas as suas necessidades e desejos sejam satisfeitos, de preferência imediatamente, encontrando, namorando e se casando com uma pessoa que *não tenha defeitos.* Apesar de não existir ninguém com todas essas qualidades – nem mesmo você!

O problema com o perfeccionismo é que ele é muito desumanizador. Não permite que você enxergue as pessoas como seres humanos, mas como coisas. Objetos. Nunca ouviu o ditado: "O ótimo é inimigo do bom"? É o que acontece quando você se permite sucumbir às suas tendências perfeccionistas.

O perfeccionismo faz você coisificar os homens. Já deve ter ouvido essa palavra antes, talvez em uma aula de estudos da mulher ou dita por uma feminista – mas não aplicada a você. Aqui vai a definição da Wikipedia: "A coisificação é uma atitude que considera uma pessoa como um bem ou objeto para uso".

É um modo mais chique de dizer que *você está usando alguém* do mesmo jeito que usaria, por exemplo, um abridor de latas ou o controle remoto da TV. Coisificar alguém é tratá-lo como uma ferramenta, um meio para um fim. Você decide o papel que ele terá em sua vida, então seu perfeccionismo faz você decidir quais qualidades – físicas, profissionais, emocionais, intelectuais – você "precisa" que ele tenha para desempenhar esse papel. Aí você sai com sua lista para encontrar o cara que preencha todos os requisitos.

O que a maioria das pessoas procura (inconscientemente, é claro) em um parceiro é alguém que espelhe os aspectos preferidos delas mesmas, faça sua vida melhor do que é no momento e permita que fique confortável – em outras palavras, alguém que seja como um boneco inflável, exceto pelo sexo mais interessante. Porque nenhum ser humano de verdade fará só aquilo que você mandar e refletirá apenas a melhor parte de você. A não ser, talvez, no dia do seu casamento.

Mais cedo ou mais tarde, todo mundo descobre que, mesmo os dois tendo muito em comum, seu parceiro não é, e nunca vai ser, você. Junte a isso a probabilidade de seu parceiro entrar no casamento esperando que *você* espelhe o que *ele* é e que faça a vida *dele* melhor – e rapidamente fica bem claro que ninguém aqui conseguirá se sentir confortável. O mais provável é que as tentativas de ficar confortável causem um terrível *des*conforto. Mas isso é o que se ganha ao coisificar outra pessoa. O que mais você esperaria de se esfregar em um objeto de amor feito de látex?

Todos sabem que as mulheres são transformadas em objetos – você já viu a *Playboy*, não viu? –, e o mesmo acontece com os homens. Não necessariamente pela barriga tanquinho ou pelos cabelos sedosos, embora às vezes até aconteça por essas razões. Não, nós coisificamos os homens por outros motivos: os recursos de que podem nos prover (dinheiro, uma boa casa, um carro decente), a capacidade de nos proteger e, talvez acima de tudo, seus espermatozoides, que se transformarão em nossos bebês (e, minha nossa, como queremos esses bebês!).

E como você sabe quando está coisificando alguém? Aqui está uma forma: você tende a prestar atenção apenas em homens que têm o que você, entre aspas, "quer".

Digamos que uma amiga convide você para uma festa. Você pergunta quem estará lá. Ela cita algumas pessoas, alguns casais e meia dúzia de homens que você não conhece. Você pergunta quem são eles, o que fazem. Até mesmo procura na mesma hora alguns deles no Google ou no Facebook. O que descobre não é lá tão interessante. Você percebe sua vontade de ir à festa começando a diminuir. Você declina do convite dizendo que não tem certeza, mas acha que tem outro compromisso na mesma noite – no caso, os quatro episódios de *Private Practice* ocupando um precioso espaço no HD de seu computador.

Se nunca lhe ocorre colocar a própria agenda de lado por uma noite e talvez incrementar a festa de sua amiga realmente *sendo* uma ótima convidada, se regularmente decide que não está interessada em conversar com homens *sem nem mesmo conhecê-los*, se em encontros você percebe que rejeita os caras depois que dizem uma ou duas coisas com as quais simplesmente sabe que não pode lidar... posso garantir: você é superficial.

Coisificar alguém faz você focar em coisas que não são importantes em uma pessoa e deixar de ver as que realmente são. Como, por exemplo, personalidade. Isso também faz as pessoas se sentirem péssimas. Um cara alto, bonito, rico e inteligente quer saber que uma mulher o ama pelo que é, e não por sua conta bancária, aparência ou corpo. Acho que é por isso que às vezes vemos um cara com recursos que lhe permitiriam ter qualquer mulher, mas que escolheu estar com uma que pode não ser tão linda assim. Sempre imagino que ela deve ser uma pessoa fantástica que o presenteou com a capacidade de enxergar além do que ele tinha para oferecer em termos materiais.

Observações da minha vida como esposa adolescente

Aos dezenove anos, eu me mudei para São Francisco com meu futuro primeiro marido. Sem muitas qualificações (a menos que fumar conte como qualificação), fui trabalhar como uma daquelas meninas que borrifam perfume nas pessoas em lojas de departamento. Trabalhava principalmente na Union Square, centro do universo do comércio em São Francisco, ponto pelo qual todos os turistas acabam passando. Para uma menina de Minneapolis, aquilo era muito empolgante. Eu sentia como se estivesse vivendo um sonho.

Mas sou do tipo ambiciosa, não estava satisfeita em apenas sufocar quem passava com uma nuvem de perfume. Em pouco tempo, consegui subir ao nível seguinte do sucesso no mundo dos cosméticos: a menina que passa maquiagem nas pessoas nas lojas de departamento. Eis o que aprendi maquiando moças comuns que passavam pela loja: *todo mundo é bonito.*

Não estou brincando. Eu recebia ali no balcão uma simpática mãe de dois filhos, vinda de algum subúrbio, sentada em minha cadeira alta. Ela devia estar se sentindo meio estranha por deixar que eu – uma menina recém-chegada do interior, ainda com sotaque carregado – empunhasse um pincel de maquiagem a poucos centímetros de seu rosto. Em certo momento entre a base e o rímel, eu invariavelmente percebia algo especial nela, como uma sobrancelha perfeitamente arqueada. Podia ser também uma executiva que chegava apressada ao balcão no intervalo do almoço e tinha uma pele linda, ou olhos verdes cheios de nuances, que iam de um castanho claro a um azul marinho. Coisas assim.

Muitas vezes, as coisas que eu via não eram do tipo que se percebe em um primeiro encontro. Era preciso ir direto para cima do rosto dessas mulheres e, talvez o mais importante de tudo, ser objetiva a respeito dele. Eu não aplicava o delineador pensando em decidir positiva ou negativamente sobre se gostaria de dormir com elas, casar com elas e ter filhos com elas ou mesmo se gostaria de vê-las novamente. Precisava ser imparcial para ver o que tinham a oferecer, e precisava olhar atentamente.

Tive um namorado cuja aparência era, como posso dizer, *interessante*. Ele era o que os franceses chamam, nas mulheres, de *jolie laide* – literalmente, "bonita-feia" –, atraente, mas não bonito no sentido convencional. O queixo era um pouco pequeno, o nariz um pouco grande, os olhos eram um pouco... assimétricos. Quando começamos a namorar, havia momentos em que eu olhava para ele e pensava "Quê isso?".

No começo até pensei em romper com ele. Não apenas seu estilo era completamente diferente do meu – muito mais conservador –, mas tudo nele, fisicamente, era diferente do que eu estava acostumada. Mas insisti, em parte porque ele tinha – sério – uma personalidade divertida. Tinha mesmo. Foi uma das pessoas mais engraçadas, amáveis e aprazíveis que já conheci.

Ficamos juntos por um bom tempo, e em algum momento no meio do caminho meus olhos... se ajustaram. Ele tinha muita beleza, eu só precisava olhar de outra maneira para vê-la. É como sintonizar uma estação de rádio em um carro antigo, em que girando o botão um milímetro para a direita é possível ouvir aquela rádio fantástica da cidade vizinha que toca os melhores clássicos, ou algo do tipo. Eu conseguia ver outras coisas nele – o brilho de seus olhos, a fantástica cor de sua pele quando ele saía (muito, até demais) para jogar futebol, sua coordenação motora e encanto. No final, amar aquele homem de aparência não-tão-perfeita me fez ter consciência de um novo nível de beleza que, mesmo não estando mais com ele, ainda sou capaz de acessar e apreciar.

Anos mais tarde, aprendi a mesma lição a partir de outro ponto de vista, com um namorado muito bonito que tive chamado Brandon. Ele era lindo, tinha cabelos escuros e cacheados, enormes olhos azuis e uma simetria facial que me fazia querer sair correndo para o quartinho mais próximo. Brandon parecia a Branca de Neve, se ela fosse um cara muito, muito gostoso. Ficamos juntos por três anos e, durante aquele período, descobri que (infelizmente) o efeito da beleza muitas vezes é como qualquer outro efeito: ele acaba se desgastando. E normalmente é muito rápido. Não que Brandon tenha deixado de ser lindo – as hordas de mulheres que o rondavam eram prova disso. Mas sua beleza *deixou de mudar o que eu sentia por ele.* Não me deixava mais disposta a aturar suas bobagens (e ele era pura bobagem, afinal, tinha vinte e poucos anos) e com certeza não fazia com que ele crescesse mais rápido.

Acho que o que estou dizendo é: a beleza está nos olhos de quem vê. E a escolha de o que ver é sua. Claro, é necessário ter uma atração física básica por alguém (falaremos mais sobre isso adiante), mas tendo isso em mente você escolherá com sabedoria. Porque ninguém, nem mesmo você, será jovem e bonito para sempre.

Por que Natalie não se casou

Nem todo perfeccionismo tem a ver com aparência. Veja o caso de minha amiga Natalie. Nat é uma garota bonita – tem grandes olhos castanhos e uma *linda* fisionomia – que ama seu trabalho como figurinista de cinema e programas de televisão. Mas no que diz respeito a namoro, Natalie age como se trabalhasse em uma fábrica de processamento de frutas. Posso até vê-la parada ao lado da esteira transportadora, analisando atentamente o que está em condições de consumo, depois eliminando todos os homens-maçã com marcas, manchas, bicadas de pássaros e amassados, e jogando-os de lado. Natalie só quer as maçãs iguais às que vão para as grandes cadeias de supermercados: impecáveis.

Ótimo emprego, ótimo corpo, ótima personalidade e ótima família.

O que fico tentando dizer a Natalie é que, mesmo se ela conseguir localizar um desses aparentemente perfeitos homens-maçã e iniciar um relacionamento com ele, rapidamente descobrirá que existiam algumas manchas, bicadas de pássaros e amassados que ela deixou passar na esteira transportadora (sempre existem). Então ela terá que lutar contra a tendência a focar naquelas falhas *dentro* do relacionamento – uma batalha que perderá, porque é perfeccionista. Depois, vem a maior verdade de todas: *frutas muito perfeitas não têm gosto de nada!*

Natalie acha que é exigente. Já eu acho que Natalie é um exemplo de pessoa com padrões fora da realidade. Ela é tão chatinha em relação ao que quer em um homem – ele deve ter um emprego muito bom e ter frequentado boas escolas; deve ter casa própria, vestir-se bem, conhecer os últimos astros do mundo artístico, gostar de filmes do Fellini, de comida tailandesa; e, se possível, deve ser vegetariano e dirigir um veículo híbrido, praticar ioga e, de preferência, ter alguma atividade espiritual – que *nunca* encontrará alguém que corresponda a tudo isso. Ela deve saber disso, em alguma medida, uma vez que tem 38 anos e, em 25 anos de tentativas, ainda não encontrou alguém que preencha todos os seus pré-requisitos. Isso simplesmente não é algo realista.

O que Natalie deveria fazer é escolher dois (talvez três) fatores decisivos de sua lista – as coisas que ela *precisa ter* de qualquer jeito – e deixar o resto de lado. Porque quando se está diante de um ser humano de verdade, às vezes as coisas com as quais se acha que não se pode lidar de repente acabam não sendo um bicho de sete cabeças. O outro fator é que estar em um relacionamento faz a pessoa amadurecer, então o que Natalie considera um fator impeditivo no momento pode se tornar uma preferência daqui a cinco anos. Mas ela não sabe disso, porque em muitos aspectos ainda é muito imatura.

Algumas coisas relevantes sobre os homens

Uma amiga me contou uma história sobre seu filho adolescente que ilustra perfeitamente a questão. No primeiro dia de aula do ensino médio, ela percebeu que o garoto não estava usando a camiseta azul com listras brancas que ela havia separado cuidadosamente para ele. No lugar dela, ele optou por outra camiseta, mais moderna. Quando ela perguntou o motivo, o adolescente respondeu que a camiseta listrada não era do "tipo certo". Aparentemente, os dias sem se importar com o que as outras pessoas pensavam haviam oficialmente terminado (pelo menos até o fim da adolescência – o que, pelo que observo nos homens por aí, pode ser por volta dos 42 anos).

Estou contando essa história no capítulo sobre superficialidade porque, para ter um bom casamento, você terá que se livrar em sua lista de tudo que vem da parte de você que quer usar a camiseta certa no primeiro dia de aula devido ao que os outros podem pensar. Se está insistindo em uma longa (ou razoavelmente longa) lista de exigências superficiais, é grande a probabilidade de ainda estar pensando como uma adolescente. A menos que esteja pretendendo ser a *esposa troféu* de alguém, pensar como uma adolescente será um empecilho para o casamento. E mesmo que consiga arrumar um marido que preencha todos os requisitos da sua lista, o casamento em si será um tanto quanto superficial. E como poderia ser diferente, se será todo baseado em superficialidades?

Uma característica fundamental da vida adulta é deixar de se preocupar com o que as outras pessoas pensam e fazer as escolhas *certas para você*, mesmo que os outros não aprovem nem entendam. Na adolescência, ainda se está analisando o terreno, certificando-se de que se está usando os sapatos "certos" e a camisa "certa". O que é perfeitamente apropriado – aos dezesseis anos.

Mas se você ainda está tomando decisões de vida com base no que os seus colegas vão achar de sua escolha, está dormindo no ponto! Ser adulto é comprometer-se com a pessoa que você sabe que é – ou, pelo menos, a pessoa que suspeita ser (ou a que você será, quando cair na real). Quando crescer, saberá que a perfeição não existe. O que significa que será preciso partir para uma nova abordagem na escolha dos homens.

O que me leva ao tópico delicado a respeito da forma como você se apresenta.

Na minha infância em Minnesota, costumávamos sair para pescar. Pegávamos um barco, jogávamos a âncora e tínhamos caixas de equipamentos com todos os tipos de iscas e afins. Havia muitos tipos de peixes ali. Mas nem todos os peixes eram atraídos por todos os tipos de iscas. Alguns só iam atrás de minhocas. Outros gostavam dos anzóis giratórios que brilhavam. Outros ainda preferiam peixinhos. As iscas eram usadas de acordo com o tipo de peixe que se desejava pegar.

Isso também vale para o relacionamento. Você precisa entender o que está pescando. Isso significa que é bom ficar atenta ao modo como é vista. Essa é minha forma sutil de dizer: não se vista ou aja como uma piranha!

Se está querendo um relacionamento de longo prazo, provavelmente não quer promover excessivamente seus atrativos sexuais. Eu disse promover *excessivamente*. Vá em frente, produza-se! Mostre o corpo! Aplique outra camada de rímel! Tudo isso é positivo. Mas se sua apresentação – e, sério, estou falando mais de *atitude* do que de decote – diz mais "parceira sexual" do que "companheira para a vida toda", isso não vai ajudá-la a entrar em um relacionamento duradouro. Ao mesmo tempo em que a maioria dos homens quer uma parceira sexualmente atraente, eles não querem passar os próximos quarenta anos combatendo todos os caras que ficarão rondando só porque você adora um par de sapatos com saltos de acrílico.

Rosto *versus* corpo

Psicólogos evolucionistas da Universidade do Texas publicaram recentemente descobertas muito interessantes que podem nos fazer repensar todas aquelas horas gastas na academia de ginástica. Eles descobriram que homens interessados em relacionamentos de curto prazo (como de uma noite) mostraram mais interesse no corpo da mulher, enquanto os homens que procuravam um relacionamento de longo prazo estavam mais interessados no rosto dela.

Os pesquisadores pediram para 375 alunos de faculdade olharem para a foto de uma possível parceira. No início do experimento, tanto o corpo quanto o rosto estavam ocultos. Os pesquisadores então davam a eles a opção de ver o rosto ou o corpo, mas não ambos. Os resultados foram fascinantes. Apenas um quarto dos homens que estava avaliando a imagem como uma possível parceira em um relacionamento de longo prazo escolheu ver o corpo. Mas e para um relacionamento de curto prazo? Cinquenta e um por cento dos homens escolheram ver o corpo.

A teoria dos pesquisadores era a de que o corpo mostrava indícios da fertilidade da mulher – importante quando se está planejando apenas uma transa. Por outro lado, o rosto mostrava indícios da personalidade – algo que só importaria a um homem interessado em um relacionamento duradouro.

Talvez não seja surpresa o fato de as mulheres não terem apresentado *diferenças significativas* entre rosto e corpo ao procurar parceiros de longo ou curto prazo. Apreciamos sexo com um homem tosco tanto quanto com um que nos ame.

O que você terá que mudar

Comece desistindo da ideia de *ter o que quer*. Não entre em pânico. No fim das contas, você não precisa realmente daquilo que quer. O que quer de verdade é o que *precisa*. Veja, até onde eu sei os Rolling Stones estavam errados: você *pode* (muitas vezes) conseguir o que quer. Já vi um milhão de garotas conseguirem o que queriam. Acontece todo dia. Se esse fosse o problema...! Na verdade, o buraco é muito mais embaixo: você não apenas não sabe *de verdade* o que quer, mas, mesmo que saiba, assim que conseguir não vai mais querer a mesma coisa, pois...

Ninguém na história da humanidade ficou feliz conseguindo o que queria.

Pergunte a alguém que já ganhou na loteria, recebeu um Oscar ou a última rosa no programa *The*

Bachelor. Ah, claro, eles ficaram felizes – por uns vinte minutos. Depois, aquela velha inquietação volta, e logo eles estão com comichão para ganhar *outra vez* na loteria, *outro* Oscar, *outro* solteiro, ou pelo menos para transar com um estranho ou passar uma tarde inteira fazendo compras.

Há algo na condição humana que torna impossível uma pessoa ficar eternamente feliz por conseguir alguma coisa. Qualquer coisa. Até mesmo o marido perfeito. Então, esqueça. Não há necessidade de fazer longas listas das coisas que você quer, nem de ver milhares de fotos online procurando por alguém bonito o bastante. Seu novo *querer* é encontrar um cara que seja *o que você precisa.*

Então, vamos falar sobre o que você precisa e sobre como fazer para consegui-lo. O senso comum diz que a garota fará uma longa lista de "necessidades" – isso, aquilo e aquilo outro – que, na verdade, não passa de uma lista de "desejos" com outro nome. Estou falando de algo diferente. Quando uso a frase "o que você precisa", estou me referindo a um homem que tenha as qualidades que a ajudarão a crescer e a chegar ao máximo de sua capacidade como ser humano. Em troca, você tem qualidades que *o* ajudarão a crescer e a desenvolver a capacidade *dele.*

Caixa de Intenções

Quando me refiro a definir intenções, estou falando de fazer uma declaração formal sobre alguma coisa – mesmo que essa declaração seja apenas para si mesma. Às vezes, ajuda de verdade criar um pequeno ritual ao declarar algo: faz parecer mais real.

Um modo de fazer isso é criar uma Caixa de Intenções. Você só precisa de uma caixinha, como um porta-joias ou mesmo uma daquelas caixinhas decoradas que se encontra em lojas de importados ou de antiguidades. Depois, pegue um pequeno pedaço de papel e escreva sua intenção. Pode ser como imagina que sua vida poderia ser (*Estou em uma bela casa ensolarada, cercada de crianças*) ou um problema para o qual está tentando encontrar solução. Aproveite para usar uma bela folha de papel e canetas coloridas se isso deixar o ritual mais divertido, mas não tem muita importância. Você pode até fazer desenhos – fica a seu critério. A ideia é escrever sua declaração de modo que *pareça* que está comprometida com ela. Depois, coloque-a na caixa e deixe-a lá. Quando fechar a caixa, tente ficar ciente de que tudo o que colocou lá dentro *já se concretizou.*

Sempre que passar pela caixa ou avistá-la, lembre-se de que tudo o que está lá *já se concretizou* – já foi ou está sendo resolvido. Essa é uma forma muito poderosa de começar a imaginar sua vida. Sempre que pensar em outra declaração, escreva-a e coloque-a na caixa. Depois de um ano, abra a caixa e leia suas declarações. Aposto que muitas delas já farão parte de sua vida.

Acontece que você precisa partir do princípio de que, possivelmente (ou até provavelmente), *não tem ideia* de quais sejam essas qualidades. Então não precisa listá-las, porque, mesmo se tentasse, não conseguiria. É possível que suas amigas mais próximas possam se juntar e pensar em algo relevante, mas isso não será imprescindível. Nem você precisa (necessariamente) passar 45 minutos respondendo um questionário online, nem se transformar em publicitária amadora preenchendo o perfil mais convincente já postado em um site de relacionamentos. Existe um modo muito mais fácil de descobrir do que você precisa.

Veja como. Primeiro, defina a intenção de estar com um homem que você possa ajudar a crescer ao máximo de sua capacidade (e que possa ajudá-la a crescer também) e então *veja quem aparece*. Se definiu a intenção de estar com um homem assim e manteve tal intenção ativa, qualquer um que apareça em sua vida – mesmo que apenas por uma semana ou um mês – oferecerá a você uma oportunidade de se expandir (e vice-versa) precisamente nos aspectos que precisar se expandir.

Como posso ter tanta certeza? Porque sei que o que você precisa em determinado momento da vida normalmente está no alto da pilha. É assim que funciona a vida. Metaforicamente falando, enquanto você está procurando por aquela determinada camiseta que *precisa* usar à noite, a vida calmamente já colocou a blusa que combina perfeitamente com esses jeans em um lugar visível e, melhor ainda, ela está limpa! Você só precisa vesti-la.

Por algum motivo, essa área de um relacionamento – ter o que se quer *versus* acreditar que a vida dará o que você precisa – é a que muitas mulheres têm bastante resistência em mudar. Como minha amiga Kim. Uma mulher linda com cabelos cacheados maravilhosos, Kim tem muita convicção do que precisa: um desses caras que ficam perambulado no iate clube. Provavelmente porque Kim, de 27 anos, tem as pernas mais lindas (dignas de uma dançarina) que se pode imaginar, ela não se contentará com menos do que o melhor partido de todos. Ela quer um bonitão rico, alto, de ombros largos e vasta cabeleira. Ela não admite isso em voz alta, mas se esforça muito para ficar bonita, tem um emprego de peso na área de relações públicas e sei que se sente, em alguma medida, *merecedora* de um cara que deixe todos de queixo caído, assim como ela deixa.

Preste atenção ao que você não tem

Pense em todas as coisas que já quis na vida e não conseguiu: o papel principal na peça da escola no oitavo ano; a jaqueta do Sergeant Pepper que uma marca famosa lançou em 2009; aquele cara de cabelos encaracolados chamado Owen, de Pittsburg; um emprego com ótimo salário assim que saísse da faculdade.

Agora se pergunte quantas dessas coisas você ainda quer. Você está bem, mesmo não as tendo conseguido?

De certa forma, esse é um exercício que acompanha a Caixa de Intenções. Ele ensina a não sermos muito específicas em relação a como pensamos que a vida deve ser, porque quando examinamos nossos desejos do passado fica claro que não precisávamos de todos eles. Muitas das coisas e pessoas que você atualmente pensa querer acabarão naquela mesma cápsula do tempo, uma nota de rodapé bonitinha em sua história. Então, insira isso em seu entendimento da situação agora mesmo em vez de perder um tempão sonhando com uma certa vida que terá com um certo cara.

Kim tem encontros com homens praticamente todos os finais de semana – muitos encontros, já que ela é muito bonita – e, quando conversamos logo depois, ela admite com frequência que provavelmente *deveria* se interessar por eles. A conclusão é que Kim não consegue se empolgar com um cara que considere um "otário". Mas o que ela chama de otário eu chamo de homem para casar. Afinal, o que namorar todos esses bons partidos fez por ela até agora além de mantê-la solteira – condição que ela não pretende manter?

Foquemos por um instante no que a garota superficial "quer", afinal. Eu diria que 98% delas quer uma dessas duas coisas: *homens bonitos* e *homens ricos.* Querem alguém que corresponda à fantasia do sexo perfeito e da atração (com lindos bebês, é claro) e/ou tenha dinheiro o suficiente para que possam viver em uma bela casa, no bairro de sua preferência, *sem* precisar ter um emprego mais ou menos. Vistas de certo ângulo, garotas superficiais são mais esperançosas do que propriamente superficiais. Elas sonham com uma certa vida, com um certo tipo de homem, e não querem abrir mão desse sonho. O problema é que, quando resistem por tanto tempo, acabam passando rapidamente dos trinta e poucos anos. E, sério, o que exatamente estão esperando? Vamos desconstruir isso, a começar pelos homens bonitos.

A garota superficial frequentemente é dominada por sua necessidade de *química.* Existe uma noção de que as coisas que atraem uma pessoa são imutáveis. Não é tão simples assim. Pelo meu ponto de vista, grosso modo, há três tipos de atração:

1. ***Não, de jeito nenhum!*** Você fica totalmente desanimada na presença dele ou até mesmo sente total repulsa. Tem certeza de que os genes dos dois não combinam, e é assim que a natureza a mantém afastada dele. Simplesmente. Não. Rola. Ok, tudo bem, você

não precisa namorar esse cara, mas também não seja cruel com ele.

2. *Isso, agora SIM!* A atração sexual por esse cara é tão intensa que você quer se casar com ele só de ver sua foto na internet. O segredo para namorar partindo dessa química é saber *que tipo de homem exerce essa atração sobre você.* Se no passado sentiu-se loucamente atraída dessa forma por dois ou três caras (um não é suficiente como amostragem) que por acaso trabalhavam na IBM e queriam um relacionamento sério, incluindo casamento e filhos, então, sem pestanejar, *vá fundo!* Mas se os caras por quem *você* sente esse tipo de atração são mais do tipo que têm fobia de comprometimento, malandros, mentirosos, infiéis, sociopatas etc. – caia fora. Por que optar por sofrer? Você fará um grande favor a si mesma se concluir de antemão que dessa vez não será diferente.

3. *Humm, será?* Esse é o cara com quem você se vê conversando por uma hora em uma festa sem nem tê-lo percebido quando chegou. Fica um pouco surpresa por estar gostando da conversa, e chega um momento em que você até olha para ele e se pergunta se um dia poderia beijá-lo e, se beijasse, como seria. Você não tem certeza. Não consegue nem *visualizar* como isso aconteceria, necessariamente, mas ainda assim se pega considerando a ideia. *Humm, será?*

Quero que você comece a sair com muitos da terceira categoria. Saiba que não vai entender muito bem o que está reservado a você ao lado desse cara até vocês terem, no mínimo, se beijado e, muito provavelmente, até estarem em um relacionamento há, digamos, três meses. O relacionamento baseado nesse tipo de atração tem caráter *revelador* – é mais complexo, razão pela qual tende a levar ao comprometimento. Conclusão: invista em um cara em que esteja *interessada*, e não necessariamente pelo qual esteja muito atraída.

A *furada* da química – como a maioria de nós já deve ter percebido a essa altura – é que tendemos a senti-la, na maior parte do tempo, pelos *homens menos adequados*. No meu caso, provavelmente deve-se ao fato de meus pais terem sido o pior exemplo possível – mas seus pais não precisam ser tão ruins como os meus. Talvez seu pai fosse o tipo de cara que gostava de flertar, ou beber, ou apostar, e sua mãe tivesse problemas de temperamento ou fosse muito controladora ou hipocondríaca – isso basta para que você tenha muita química com homens bem cretinos. Na verdade, é possível dizer de que maneira assimilou seus pais em termos de energia (e, principalmente, em que ponto eles a prejudicaram) pelas coisas com que se vê lidando repetidas vezes nos relacionamentos.

Ele é um tigrão, e é bem o seu tipo

Uma amiga estava me contando outro dia sobre um cara em quem estava de olho. Ela tem 32 anos e quer muito se estabelecer, casar e ter um filho. Mas, ao telefone, ela me conta entusiasmada que o cara de que está a fim é um *tigrão*. Como se fosse uma coisa boa.

Amiga: Sério, Trace. Ele é um tigrão.
Eu: Tigrão? E que diabos você quer com um tigrão? Os tigres são predadores assassinos.

Tigrões não são apenas bonitos. Ser um tigrão é um estado de espírito. No mundo animal, tigres caçam suas presas e devoram as crias. É o que fazem no mundo dos relacionamentos também. Pela minha experiência, esse tipo de atitude é inversamente proporcional ao comprometimento. A essa altura da minha vida – na verdade, a qualquer altura da minha vida depois dos, ah, uns 23 anos –, eu prefiro não me submeter a um homem tigrão, mais ou menos pelo mesmo motivo que não como mais um pacote inteiro de M&M's. Será ótimo naquele exato momento, mas não tenho dúvida alguma de que pouco tempo depois eu me sentirei mal o bastante para questionar se realmente valeu a pena. E como conheço só duas mulheres que realmente se casaram com seus tigrões (e uma delas tem um aparelho de pilates *dentro* de casa), é grande a probabilidade de que o Sr. Tigre não dure o suficiente para compensar todo o trabalho.

Minha especialidade costumava ser ir atrás dos mulherengos espertinhos. Como esse cara por quem eu tinha uma queda, Justin. Extremamente lindo, com uma carreira importante em Hollywood – esse cara tem o que as mulheres querem e sabe disso. Uma vez, quando estava no meio de um monte de gente em uma pequena galeria de arte lotada, Justin passou do meu lado. E quando encostou em mim (a parte da frente do corpo dele na parte de trás do meu – *morri*), sua mão passou pela minha e seus dedos encostaram na parte interna da minha palma. *Na parte interna da palma da minha mão!* Isso que é química – eu sabia que, se me permitisse ir em frente, lustres tremeriam para valer.

No entanto, por mais tentador que pudesse ser, eu já havia aprendido com meu terceiro marido a que leva esse tipo de homem – e era uma experiência pela qual não queria passar novamente. Soube parar bem ali. Paralisar. Começar a pensar de forma crítica. Quem exatamente era aquele tal de Justin com o qual tinha uma química "impressionante"? Vamos analisar mais de perto:

- Ele nunca esteve em uma relação duradoura.
- Ele está prestes a completar quarenta anos, mas tende a namorar mulheres (meninas, na verdade) de vinte e poucos anos, porque ele pode. As mulheres que andam com ele geralmente se parecem com a Audrina do *The Hills* – se ela tivesse feito faculdade, ou se fosse asiática.
- No perfil do Facebook, ele tinha uma foto de roupão de banho e tomando martíni.
- Ele dirige um carrão clássico.

São apenas quatro coisas e já fica óbvio que Justin pode ser um tesão, *mas não será o marido de alguém nos próximos minutos.* Pelo menos não um *bom* marido. Claro, talvez quando estiver com 47 ele se junte com uma bonitona de 28 e dê a ela um ou dois filhos. Mas você já sabe que, quando as crianças estiverem com cinco e sete anos, ele estará passando os dedos na palma da mão daquela mãe gostosa no grande evento de caridade da escola. *Nossa.* E eu agradeço por não ter que ser sua esposa e fingir que não percebi.

Ok, então você já entendeu que os homens bonitos nem sempre são tudo aquilo que se imagina. Agora, vamos falar dos homens ricos. Os caras com aquele emprego, apartamento, carro e/ou conta bancária de arrasar. Obviamente, juntar-se a alguém que sabe como manter o emprego e consegue pagar o aluguel todo mês (seja alto ou baixo) é uma boa coisa.

Mas você sabe que está entrando no grupo superficial das mulheres solteiras quando realmente *dispensa* um cara decente, com emprego estável, alguém que poderia entrar na categoria "Humm, será?", para *esperar* por um homem que ganhe mais, por quem está convencida de que sente atração.

Poucas mulheres pensam no fato de que ao mesmo tempo em que há grandes vantagens em se casar com um cara que ganhe bem, também há muitas desvantagens – sobre as quais ninguém fala. Mas depois de catorze anos como mãe e circulando pelo ramo do entretenimento, fiz algumas observações sobre as diferenças entre pais de classe média e pais ricos:

1. *Caras ricos nunca estão em casa.* Tudo bem, *nunca* é exagero. Mas com certeza ficam menos em casa do que os homens com um salário de classe média. Ninguém paga um salário exorbitante para alguém que chega às 9h e sai às 17h do trabalho.

2. *Casamento com homens ricos tende a ser muito tradicional.* Alguém precisa ficar em casa para cuidar das crianças e das coisas e, quando há muito dinheiro e a esposa não trabalha, esse alguém acaba sendo ela. Pelo que já vi, esse sistema funciona melhor quando as crianças são bem pequenas – menores de quatro anos. Porque quando as crianças crescem, qualquer carreira que ela pudesse ter acaba sumindo num segundo plano e, depois de passados dez anos, o descompasso já é muito grande. Ninguém gosta de admitir, porque normalmente essas moças têm uma casa, uma vida e filhos muito bons. Se você prefere uma coisa mais tradicional, pode funcionar muito bem. Só é preciso saber que tipo de mulher você é e garantir que não esteja se vendendo por um sonho que na verdade nem é seu.

3. *Esposas de homens ricos* têm *um emprego: administradoras da casa.* Comandar um lar dá muito trabalho, principalmente quando é grande e sofisticado. E quando se tem um marido que ganha muito dinheiro, ele normalmente não pensa em dividir as tarefas de casa meio a meio. Ele também não ficará fazendo lanche para os filhos (ninguém avisou que escolas particulares não costumam ter refeitório!), dando carona ou esperando o encanador chegar. Tudo isso é função *sua* quando tem um marido que ganha meio milhão de dólares por ano. Você deve imaginar que terá condições de contratar alguém para fazer isso tudo por você, mas mesmo se tiver empregados em tempo integral será sua responsabilidade contratá-los, gerenciá-los, demiti-los e, é claro, ficar no lugar deles quando estiverem doentes. O que significa que não apenas sentirá falta de ter um parceiro para ajudá-la com todo esse trabalho, mas seus filhos sentirão falta de ver um homem desempenhando esse papel. Nós lutamos tanto por igualdade nas décadas de 70 e 80 para simplesmente voltar aos anos 50? Talvez.

4. *Depois de ser casada com um homem rico, pode ser difícil conseguir se casar de novo.* Divórcio quase sempre é um porre, mas separar-se de um homem rico pode ser ainda pior. Você pode ter dinheiro para pagar as coisas, mas é provável que fique mais por conta própria do que a ex-mulher do homem que ganha um salário normal, devido ao Problema Número 1 do Homem Rico, recém-mencionado. A outra questão é que, se você se divorciar, pode ser difícil encontrar outro par. Poucos homens sentem-se confortáveis namorando ou casando com uma mulher que está, em essência, sendo sustentada por outro. O ex tem muito poder sobre ela.

Encontrar um homem endinheirado pode apresentar problemas e soluções quase na mesma medida. Então, como deixar as exigências de lado e arrumar um bom namorado?

Recursos espirituais que podem ajudá-la a mudar

É aqui que muitas garotas dirão – com um tom de voz bastante tenso: "Está me dizendo que *não posso* sair com os caras que me atraem?".

Acalmem-se, moças. Não estou dizendo que é preciso *desistir* de encontrar alguém de quem você goste. Estou pedindo que aprofunde sua ideia de atração e questione suas suposições. A atração não é algo que necessariamente "acontece" de repente. É um processo dinâmico que dá bastante espaço a vários tipos de escolha – algumas das quais funcionarão melhor para você do que para os outros.

Outra coisa sobre química: sei que tem a ver com feromônios ou algo parecido, mas no nível espiritual acho que tem a ver com outra coisa. Acredito que o que atrai duas pessoas – depois de desejo, altura, dinheiro, olhos azuis ou qualquer outra coisa pela qual *você* acha que gosta dele – é a existência de algo que essas duas pessoas precisam aprender uma com a outra e que mais ninguém pode ajudá-las a aprender. E por ajudar quero dizer causar tanta mágoa que a outra pessoa não tem a mínima chance de fugir dessa lição.

Não que não possam tentar. Isso se chama divórcio e acontece todos os dias. Mas, como posso afirmar categoricamente, de modo algum isso quer dizer que você escapou de sua lição de vida. Significa apenas que fará isso com outro parceiro, que poderá apontar para seu histórico podre e concluir que tudo de errado que esteja acontecendo em seu relacionamento com ele deve ser culpa sua. E você não terá muito como se defender, porque já passou por aquilo antes. Então, se já está com um cara decente, o melhor a fazer é aguentar.

E é aqui que outra grande ideia espiritual invade o palco: você atrai o seu igual. Às vezes isso é chamado de lei da atração. Pode significar muita coisa, mas nesse caso significa que seu par perfeito sempre será, bem, seu par perfeito. Então se você é superficial, é isso o que vai atrair. Sem exceções. Os iguais sempre se atraem. Os seguidores do zen budismo sempre dizem: *O que está em cima é igual ao que está embaixo.* Ou *O que está dentro é igual ao que está fora.*

Como exemplo, voltemos ao início desse capítulo, ao cara que só quer namorar mulheres nota 8, 9 e 10. Derek é médico, 1 metro e 82, atraente, tem um ótimo plano de previdência privada e um futuro muito promissor. Derek acha que a maioria das mulheres não tem dinheiro (não todas, na verdade, apenas aquelas muito atraentes). Ele nem se dá conta do quanto acredita nessa ideia – o que faz dele um par perfeito para aquelas mulheres que não sabem que estão coisificando os homens.

Mas se prestar atenção você vai perceber. Dê a ele duas doses de bebida (ok, quatro) e faça ele falar sobre mulheres. Derek é um cara que vai falar em voz alta que as meninas só gostam dele porque é médico e porque quando chega a algum lugar (em sua Range Rover, veja só) elas veem cifrõezinhos. Certamente nem todas as mulheres são assim, mas é interessante notar que 95% das que *recebem a aprovação de Derek* são.

Ainda mais interessante, a meu ver, é que poucas das namoradas de Derek começaram a vida como nota 8. Assim como ele começou a procurar por números mais altos, as mulheres com quem se relacionava fizeram o mesmo. Acrescentaram alguns décimos à sua classificação com os recursos de sempre: mudando a cor dos cabelos, trocando as caminhadas pelo *spinning* pesado de quatro a cinco vezes por semana e, no caso de pelo menos duas delas, apelando para peitos maiores ou um nariz menor.

Não há nada errado com essas coisas, mas também não é coincidência que essas "melhorias" sejam o que as tornam atraentes para um cara como Derek. Quando as pessoas (seja homem ou mulher) tratam a si mesmas como objetos para "pegar" outros objetos, simplesmente acabam com uma versão de si mesmas do sexo oposto. Às vezes funciona – ele ganha dinheiro, ela passa os dias ficando linda –, mas há muito mais diversão em um casamento do que isso. E embora Derek esteja evidentemente escolhendo essas mulheres (e elas o estejam escolhendo), ele confundiu o que está vindo de *dentro* dele com o que existe "lá fora".

Então vamos falar sobre a transformação. É fácil. Você precisa ir atrás de *profundidade*. Está buscando fazer uma mudança consciente em como se aproxima dos homens que conhece – todos eles, não só aqueles em quem está interessada. Comece fazendo um esforço para falar com homens com quem antes não falaria. Isso é bom por alguns motivos. Primeiro, quando você não quer nada com um cara, é mais fácil focar em quem ele é como pessoa. Segundo, quando vai se acostumando a falar com homens sem segundas intenções, começa a perceber mais as *qualidades* de cada um deles – como eles são e as características que têm ou não têm.

Ouça de verdade o que o cara está dizendo. Independentemente do assunto, saberá muito da personalidade dele. Como ele vê o mundo? Quais são suas crenças a respeito da vida? Quem ele pensa que é e qual a percepção de seu propósito no planeta? Não é exagero dizer: personalidade é a coisa mais importante que você procura em um homem. Depois que a barriguinha chega, as rugas começam a aparecer e a fase da atração extrema passa, a personalidade é o que resta. Então é melhor que seja boa.

Criar esse hábito afetará sua interação com os homens em quem realmente *está* interessada. Em vez de olhar para eles já pensando se os quer ou não, começará a pensar mais sobre quem eles podem ser por dentro. Faça perguntas a você mesma: quem era esse cara no sétimo ano? O que ele esperava se tornar? Qual seu desejo mais profundo para a vida? Sou uma pessoa que pode fazer parte dessa jornada com ele?

Assim que começar a colocar mais dedicação – mais profundidade – em seus contatos com os homens, não apenas você começará a ver algo diferente neles, mas eles começarão a ver algo diferente em você. Tudo se resume à energia que está investindo, que sempre – estou falando sério, *sempre* – volta exatamente do mesmo jeito que você enviou. É como um bumerangue. Se lança profundidade, receberá profundidade.

Não importa quais qualidades você acha que está procurando em um parceiro, posso garantir que o que você realmente quer é supersimples: amor. Você quer paz. Você quer uma parceria feliz e harmoniosa com uma pessoa que também queira tudo isso e seja capaz de construí-lo ao seu lado.

O que o último cara que você namorou sabia, mas não podia lhe contar

Depois de ler o Capítulo 2, já sabe por que aquele cara incrível só chamou você para sair uma vez. Vamos analisar novamente, para recapitular:

- ***Você é superficial.*** Está focando em coisas superficiais e não está prestando atenção suficiente ao que é importante – como a personalidade de um homem.

- ***Perfeccionismo.*** É o que a superficialidade realmente é. Você trata os homens como objetos que servirão para completar sua própria vida de algum modo. Bons homens são capazes de perceber isso a quilômetros de distância e vão evitar você.

- ***Cresça.*** A superficialidade vem de pensar como uma adolescente que ainda está muito preocupada com o que os outros vão pensar.

- ***Desprenda-se de sua lista.*** Você não está mais procurando o que quer. Está procurando o que precisa.

- ***Vá mais fundo.*** Olhe para a pessoa que há dentro do homem. Veja o que o motiva, descubra qual é sua jornada de vida e pergunte de verdade a si mesma se é algo de que gostaria de fazer parte.

3. Você é uma piranha

Ou por que o sexo casual não levará ao casamento

1. Você faz sexo regularmente com homens com os quais não está comprometida?
2. Você se vê ligada em homens com quem tem apenas intenção de fazer sexo casual?
3. Você sente que sexo com um parceiro fixo é o único sexo que realmente conta?

SEJAMOS CLARAS: você pode fazer sexo com quem quiser. Eu realmente não me importo com o que as pessoas fazem privadamente com o próprio corpo – não estou aqui para dar lição de moral. No entanto, seu comportamento sexual obviamente é um componente do seu panorama geral de relacionamentos. Quando converso com uma mulher sobre sua história a dois, uma das primeiras coisas que pergunto é sobre o sexo. Quando faz sexo com um novo parceiro? O que faz nos intervalos? Tenta manter uma amizade colorida? Funciona? Como é sua vida sexual consigo mesma? Como, quando e com quem você faz sexo vai afetar seu potencial para o casamento de diversas formas.

Ser uma piranha é apenas uma dessas formas. Ok, sei que "piranha" é um termo provocativo. Eu não estou dizendo que ser promíscua é uma coisa ruim *per se*. Contanto que a pessoa esteja tratando bem a si mesma, quem pode julgar? Mas fazer sexo com homens com que não está comprometida, ou que não estão comprometidos com você, pode ser problemático de maneiras que você não consegue nem cogitar. Especialmente quando se trata de casamento.

Há uma biologia por trás do sexo, do namoro e da vida a dois que é, na maioria dos casos, maior que a ideia legal de que se pode simplesmente transar com um cara e manter tudo divertido e leve. Em teoria, é possível. Na prática, raramente funciona. (Conheço o enorme número de *duas* pessoas que conseguem fazer isso com êxito.) Como gosto de dizer, sexo casual é como o uso recreativo de heroína – não permanece recreativo por muito tempo. Sexo, principalmente sexo bom, vira hábito. E por esse motivo pode atrapalhar muito o desenvolvimento do tipo de relação que leva ao casamento.

A verdade por trás disso

Estou falando de sexo *casual*. E com isso me refiro a qualquer sexo fora de um relacionamento sério. Você não tem ideia de como odeio parecer um político conservador – porque estou tão, tão longe de sê-lo –, mas em meus trinta anos de namoros e de conversas sobre relacionamentos com mulheres cheguei a uma conclusão similar, só que por razões totalmente diferentes. Não estou dizendo que você tenha que se reprimir completamente, mas se é o tipo de mulher que se enrola em relacionamentos sexuais que não a estão levando ao casamento *e quer se casar*, terá que repensar sua abordagem em relação ao sexo.

Sexo casual deve ser a maior mentira que existe. Sexo nunca é casual. Sempre será algo que traz bebês ao mundo, constrói reinos e os destrói, faz com que homens matem suas esposas. O fato de ter havido uma década inteira, do Verão do Amor (1967) até 1977, em que todo mundo podia transar com quem quisesse, quando quisesse, contribuiu muito para confundir a sexualidade moderna. Apenas tivemos a má sorte de ver isso retratado em músicas, filmes e programas de televisão tão bons que acabamos nos convencendo de que poderia acontecer conosco também.

É importante notar que o sexo casual não é sempre igual. Há vários tipos diferentes: o planejado por você, aquele com que se conformou e o que você nem sabe que está fazendo porque o cara não contou que, na verdade, não está em um relacionamento sério com você. Na verdade, há tantos tipos de sexo casual quanto homens que só querem transar com você casualmente. Aqui estão alguns dos mais comuns com que é possível se deparar:

- ***O tosco.*** É o canalha que adora colecionar o afeto de mulheres interessantes e bonitas e que vai mentir, desvirtuar ou enganar para conseguir o que quer. É improvável que minta na sua cara sobre estarem ou não em um relacionamento, mas certamente fará com que você minta para si mesma. Esse cara normalmente é encontrado em certas profissões que dão acesso a muitas mulheres bonitas – como fotógrafo de moda, barman ou publicitário.

- ***O Peter Pan.*** É o cara que não consegue ser sério com você porque não consegue ser sério consigo mesmo. Vaga pela cidade em um skate, todo lindo com suas roupas de brechó. Você se verá arrumando desculpas para seus amigos para explicar os três caras com quem ele divide apartamento, o fato de ele fumar e beber e trabalhar em um café. Ele só chega na hora para o ensaio da banda. Você ainda tem esperança de que ele cresça, mas é melhor encarar – isso nunca vai acontecer. Pelo menos não no seu turno.

- ***O profissional.*** Alguns homens estão tão concentrados na carreira que simplesmente não sobra energia para investir em um relacionamento. As mulheres amam profissionais porque eles são qualificados – parecem demais com caras "para casar" porque trabalham duro, muitas vezes têm boa formação e podem ser encontrados com frequência em profissões bem pagas. Mas não se engane: um homem que quer investir tudo na carreira pode tomar *anos* de sua vida, se você deixar. A qualidade que salva nesse cara é que ele normalmente é bem franco sobre sua situação e só procura mulheres que estejam de acordo com isso. Um dia ele vai se comprometer, mas não com você, a menos que ainda esteja com 31 anos quando ele se tornar vice-presidente da empresa. O que não vai acontecer, porque você está com 31 *neste momento.*

- ***O infiel.*** É aquele que não pode se comprometer com você porque está comprometido com outra pessoa – da pior forma possível. O que se pode dizer sobre esse cara além de: se está a fim dele, provavelmente você terá que fazer muita terapia para falar sobre seu pai? Outras versões incluem o cara que está se aproximando de você emocionalmente – como um melhor amigo –, mas sem sexo porque, afinal, ele está comprometido com sua namorada de fato. E tem também aquele que está saindo com você porque está *quase* se separando da esposa ou da namorada com quem ainda mora. Isso deveria ser muito óbvio, mas se um cara está de alguma forma ligado emocionalmente a outra mulher, esqueça.

- ***O intrigante.*** É o cara que adora tanto ter sua atenção que exibe na sua cara a possibilidade de um relacionamento, mas parece nunca chegar a isso. Ele liga, manda mensagens de texto ou encontra com você *só* o suficiente para mantê-la interessada, mas na verdade nunca faz promessa alguma. Ele é como uma cópia de um anúncio de creme que custa zilhões de dólares: formulado com tanto cuidado que não é possível dizer exatamente o que prometeu, mas você sabe que ficou com a nítida impressão de que seria *o máximo.* E, ah, o frasco em que vem o creme? Maravilhoso. Ele é superultrafrustrante porque muitas vezes *existe* uma mulher com quem está disposto a se comprometer – mas não é você. É alguma menina bonita que toca bateria em uma banda de rock. Ou algo desse tipo.

- ***O Jack Nicholson.*** Por último, mas não menos importante, tem o cara que *nunca* vai se comprometer. *Nunca.* Mas seu charme arrojado faz com que você não se importe! Ele até pode ter dinheiro, sex appeal ou senso de humor, mas na maioria dos casos simplesmente é mais divertido do que os outros, em parte porque está livre

> de pensamentos que desgastam os homens – aqueles sobre qualquer um que não seja ele próprio! Se quiser se envolver casualmente com um desses tipos, ele provavelmente é a aposta mais segura, porque só uma garota *muito* ingênua pensaria, mesmo que por um segundo, que seria capaz de fazer Jack Nicholson sossegar. Além disso, ele também é *velho.*

Não adianta nada saber que nenhum desses caras é má pessoa. Apenas são motivados por interesse próprio e estão em uma fase da vida em que o interesse próprio é estarem abertos a mais de uma mulher. Nada de errado com isso. A menos que você esteja (1) tentando fazer com que mudem ou (2) esperando que a fase passe.

Se for algum desses casos, é possível que tenha que esperar muito. Não sei se conheço alguém que *não* abriu mão de meses (ou anos) de vida por estar ligada a um cara com quem tentava ter um relacionamento casual. Parece mais evidente à medida que uma mulher fica mais velha, mas pode acontecer em qualquer idade.

Por que Melissa não se casou

Minha amiga Melissa é um dos exemplos mais extremos desse fenômeno. Ela começou namorando um francês muito bonito, chamado Pascal, aos trinta e poucos anos. Nos quatro primeiros meses, parecia que as coisas estavam se desenvolvendo normalmente. Pascal não estava necessariamente prometendo um relacionamento duradouro, mas eles tinham boas conversas na cama, ele chamava-a de "*chérie*" e definitivamente também não dizia nada que contradissesse a ideia. O problema começou quando o relacionamento chegou à etapa vamos-mais-a-fundo-nisso – pontos cruciais como ter uma escova de dente na casa da outra pessoa, passar um feriado juntos ou conhecer os pais. Vamos colocar dessa forma: Melissa nunca marcou esses pontos.

Nem sempre é melhor viver de acordo com a química

O processo de se conectar e se apaixonar faz parte de um sistema pensado para nos fazer ter uma ligação com um homem por tempo suficiente para ter um bebê com ele. Existem substâncias químicas que ajudam no processo: oxitocina, dopamina, serotonina. Essas substâncias fazem a pessoa se sentir *bem*. Produzem a sensação de estar "apaixonado" – na verdade, em certa medida, *são* a sensação de estar apaixonado. Se não tivéssemos essas substâncias químicas, não sentiríamos o amor.

Antes de conhecer a biologia da ligação entre os pares eu achava que havia algo *errado* comigo. Como é que eu não conseguia descobrir como dar para um cara e simplesmente seguir a vida? Parecia que todo mundo – pelo menos na TV e nos filmes – estava fazendo isso sem dar a mínima. Todo mundo menos eu. Eu sempre começava a *querer* o cara. Idiota.

Desperdicei anos tentando, sem sucesso, fazer sexo casual. Cresci na década de 70 e esperava que, quando completasse dezoito anos, mais ou menos, estaria fazendo muito sexo. Casualmente. Assisti a *Os embalos de sábado à noite* no verão que precedeu o oitavo ano e mal podia esperar. Nova York! Dança! Roupas! Eu estava superempolgada para ficar com Tony Manero e transar no banco de trás do carro do Double J.

Mas não foi isso que aconteceu.

O que aconteceu foi que fiquei com um cara no fim do ano seguinte e acabei em um relacionamento de dois anos e meio com ele. E quando terminou, fiquei com outro cara e acabei me *casando* com ele. Depois de cinco anos, nós nos separamos. Fiquei com mais um cara e o relacionamento durou um ano. E assim sucessivamente. Se eu me envolvia sexualmente com um cara – e estou me referindo até mesmo a algumas sessões de amassos intensos –, acabava me ligando a ele. Eu não me casei com todos. Nem tive relacionamentos com todos. Mas com certeza acabei me ligando a eles.

E é por isso que – quando as substâncias químicas diminuem naturalmente, depois de 18 a 24 meses em um relacionamento – algumas pessoas (e por algumas pessoas me refiro a como eu era antes) sentem que não estão mais "apaixonadas" e acham que isso significa que devem terminar a relação e partir para outra em que se sintam "apaixonadas" novamente. Elas não sabem que "paixão" é, em essência, um estado químico. Elas acham que tem a ver com *a pessoa*. Não tem. Não necessariamente.

Quando se passaram nove meses sem nenhum progresso real no relacionamento, Melissa entendeu: Pascal não tinha nenhuma intenção de se comprometer. Então ela se afastou. Ou tentou se afastar. Não foi surpresa quando, depois de mais ou menos um mês, eles começaram a "sentir falta" um do outro. Alguns telefonemas embriagados depois, Melissa decidiu tentar outro caminho. Por que não continuar sendo casual? Afinal, ela gostava dele, não tinha outras opções em que estivesse mais interessada naquele momento e o sexo era incrível. Então, sim. *Por que não?*

Porque isso foi há nove anos. Esse é o motivo.

Melissa namorou muitos caras de que gostou de verdade nesse período, mas continua voltando para Pascal. Por quê? Ninguém nunca chegou perto do grau de intimidade, da diversão. Ela tem uma história com Pascal. Claro, tem muita psicologia envolvida – amar um homem indisponível, blá-blá-blá. Mas em um nível biológico ainda mais profundo, Melissa continua com Pascal por um motivo muito mais direto: ela está ligada a ele.

Passar anos com um cara como Pascal se assemelha um pouco a comprar um carro sem saber o valor – porque o preço será pago nos anos perdidos pelo ótimo sexo que Melissa está fazendo com Pascal.

Eis o que quero dizer a Melissa: ela pode aparentar ter trinta anos, mas seus óvulos têm quarenta. Vou dizer para você também: *você tem um certo número de óvulos, mocinha.* É *horrível*, mas é verdade. E se você quiser se casar e ter filhos, nessa ordem (não que eu me prenda a ordem), terá que assumir a responsabilidade por isso o mais rápido possível.

O problema é que essa coisa de envelhecer avança de forma galopante. Já vi acontecer com pelo menos meia dúzia de amigas. Em um minuto você está andando por aí com trinta e poucos anos, tendo contato com vários homens interessantes e sensuais e, quando se vira, já está batendo nos *trinta e muitos.* Nenhum período de sua vida será mais rápido do que a passagem dos 32 aos 37 anos – a diferença entre "ter tempo de sobra" e "PQP". Não estou tentando ser alarmista. É que já vi muitas mulheres legais não entenderem que a casa dos trinta não é brincadeira. É preciso levar as coisas a sério bem cedo se quiser começar uma família sem precisar visitar um especialista em fertilidade.

Observações da minha vida como noiva grávida

Aprendi essa lição depois de vivenciar um quase-desastre. Tive a estúpida sorte de engravidar – de um cara muito legal, disposto a se comprometer – aos 31 anos. Isso foi no meio da década de 90, antes de todas as atrizes de Hollywood se jogarem no trio elétrico dos bebês. Fui a primeira das minha amigas – pelo menos das que não viviam em Minnesota – a ficar grávida. Acredite, quando anunciei às minhas amigas de Nova York e Los Angeles que daria à luz um bebê no mês de abril, todas me olharam como se eu fosse *insana*. Mas uma voz interior mais profunda me disse que eu queria aquele bebê mais do que qualquer coisa *no mundo* e, mesmo namorando o pai há apenas seis meses (e tendo descoberto que estava grávida quando tínhamos, tecnicamente, terminado), nunca tive nenhum momento de dúvida. Maternidade, lá vou eu – o pai querendo ou não.

Mas, é claro, o pai quis. Porque depois de três anos morando em Nova York – uma cidade onde eu não corria risco algum de me comprometer (estar em um compromisso, talvez, mas não me comprometer) – eu havia resolvido namorar apenas caras que estivessem comigo de verdade. Isso significava namorar "bons" homens, mesmo que não fossem do tipo que chamassem minha atenção enquanto perambulavam pela Avenida A, no East Village.

Agora vejo que foi a decisão mais sábia que já tomei. Não que o crédito seja meu. Sinto que essa é uma daquelas lições que se aprende quando a pessoa à sua frente se envolve em um acidente de carro do qual você escapou por pouco. No fundo, sei que sou exatamente igual às minhas amigas que não se casaram, não engravidaram e que hoje têm 41 anos. Tenho os mesmos pensamentos e sentimentos que elas têm. A diferença é que, devido à minha terrível infância, nunca me senti *realmente* segura o bastante para sair por aí e fazer sexo casual.

Também é importante contar que eu não estava muito segura a respeito de sair com aquele cara legal. Na época, fiquei bastante dividida – deveria esperar por um cara mais descolado, do tipo que *não* usa macacão para ir a uma festa importante em Hollywood, na casa do Adam Sandler (história real)? No fim, segui meu instinto, escolhi a integridade, e não a modernidade, e aprendi uma lição valiosa: existem coisas mais importantes na vida do que a roupa que um cara usa para ir a uma festa em Hollywood (na verdade, existem coisas mais importantes na vida do que festas em Hollywood). Sei disso porque já se passaram quinze anos desde meu ex-casamento com o Sr. Macacão e ele continua sendo a pessoa íntegra que era antes.

Ok, mas a conclusão não é que quanto antes começar a namorar bons homens, mais cedo poderá engravidar por acidente e se casar com um deles. Mas poderia ser.

Algumas coisas relevantes sobre os homens

Você pode achar que todas já saberíamos disso a essa altura, mas homens não se apaixonam por meio de seus pênis. Simplesmente não é assim. A maioria consegue transar alegremente tanto com estranhas quanto com amiguinhas e não tem nenhum problema em manter esses relacionamentos do jeito que querem: bem ali, em banho-maria. Talvez seja porque eles são melhores em compartimentalizar as coisas, ou por não liberarem tanta oxitocina quanto nós, mas os motivos não interessam muito, não é? O importante é saber que não há quantidade de sexo que faça um cara se transformar no seu homem se ele não quiser.

Para muitos, senão para a maioria dos homens, entrar em uma relação de longo prazo é uma *decisão*. Eles podem ter os mesmos sentimentos intensos que você, mas um homem saudável na verdade não se apaixona. O que faz é mais uma avaliação perspicaz do verdadeiro potencial do relacionamento e, se gostar do que vê, decide se permitir "ceder" e se deixar levar um pouco. Depois, quando as coisas se desenvolvem, ele se deixa levar mais um pouco, e depois mais um pouco, e mais um pouco ainda – até entregar-se totalmente ao relacionamento. O "se deixar levar" progride conforme ele descobre quem você é – se pode confiar em você, se você é equilibrada, se o sexo é bom, se ele acha que vai gostar da vida que vai levar com você e, o mais importante: SE ELE ESTÁ PRONTO.

Às vezes é difícil dizer se o relacionamento em que estamos está apenas demorando para engrenar ou se o cara está simplesmente fazendo sexo casual com você. Grande parte do modo de agir é igual. Mas aqui está a diferença: você saberá se um homem está decidindo se apaixonar por você, pois ele vai dizê-lo.

Se um cara com quem está saindo com frequência e transando regularmente não diz que está se apaixonando por você no primeiro ou segundo mês, é possível presumir que não esteja. E se você ainda está em dúvida – porque nós, mulheres, adoramos ter alguma esperança –, há uma forma infalível de descobrir: se você precisa perguntar se está em um relacionamento sério com um cara, é porque *não está.*

Há também uma situação mais confusa: quando o cara está comprometido com você, mas não é nada muito profundo. É o que está acontecendo com minha amiga Erica. Ela está saindo com um cara de quarenta e poucos anos há sete meses. Erica e Tony passam todos os finais de semana juntos e algumas noites durante a semana. Tony tem três filhos e uma ex-mulher que aparentemente ocupam tanto espaço em seu HD que ele só quer ter uma relação comedida com Erica. Na verdade, Tony pode usar o termo "comedida", mas, na prática, o que realmente quer dizer é "casual". Porque mesmo que Tony seja monógamo, tenha emprego, casa própria e passe seu tempo livre com Erica de bom grado, não está disponível de verdade, pois o relacionamento não está se aprofundando. Erica está muito hesitante em mencionar o futuro dos dois juntos – um sinal de alerta, já que no relacionamento casual o futuro fica em uma zona proibida –, provavelmente porque, no fundo, ela sabe que não existe um futuro muito diferente do que o que eles têm agora.

Erica quer esperar e discutir sua vida com Tony quando as crianças estiverem mais velhas e a ex-mulher não for tão constante no dia a dia dele. Mas não vai fazer muita diferença. Porque a verdade é que ter filhos e ex-mulher não é algo que impeça um homem – de se aprofundar em um relacionamento – se ele realmente quiser fazê-lo. E Tony simplesmente não quer. Esse é um fato que Erica prefere não confrontar por enquanto. E quem pode culpá-la? Ninguém quer abrir mão do homem que ama.

O que você terá que mudar

Número um: *pare de sair com homens indisponíveis.* Nada pesará tanto para que continue solteira contra a vontade do que estar envolvida com um cara indisponível.

É por isso que, se você pretende se casar em um futuro próximo, insistirei para que fique atenta aos homens com quem cria vínculos. Como eu disse, eu poderia começar a transar com, por exemplo, o Corcunda de Notre Dame e, quando me desse conta, estaria querendo que ele me pedisse em casamento. Na verdade, sempre achei que uma interpretação possível da história *A Bela e a Fera* é: *no fundo, não importa* se o cara é feio ou horroroso – se me proporcionar sexo de alta qualidade, eu me ligarei a ele de qualquer forma. Lastimável, porém aparentemente verdadeiro.

Então, se está interessada em casamento, é melhor pensar em pular na cama com alguém da mesma forma que pensa em um barco para cruzar o Oceano Pacífico. Você verificaria se o barco está apto para navegar, certo? É melhor que não tenha grandes vazamentos, buracos gigantes na vela ou equipamentos de navegação avariados. É o mesmo com os homens. Você não está em busca da perfeição. Todos os homens do mundo têm falhas. O que você está procurando são as qualidades básicas de uma boa pessoa – gentileza, senso de humor, honestidade – e o principal: disposição para se comprometer. Não é necessário saber desde o início se o cara quer se comprometer com *você*, mas ele precisa estar disposto a se comprometer com *alguém*, em algum lugar. E se ele tiver histórico de comprometimento, melhor ainda.

Todos os homens bons estão comprometidos?

É claro que não. Mas pesquisas recentes dão indícios de por que podemos pensar assim. Aparentemente, muitas mulheres acham os homens que já estão em um relacionamento muito mais atraentes do que os que não estão.

Pesquisadores da área de psicologia social da Universidade do Estado de Oklahoma mostraram a indivíduos a fotografia de uma pessoa atraente do sexo oposto. Foi dito à metade das pessoas no experimento que o sujeito da foto já estava envolvido com alguém, e à outra metade foi dito que era solteiro.

O resultado foi impressionante. Para quem já estava em um relacionamento, não importou muito se o sujeito da foto era solteiro ou comprometido. Mas o mesmo não aconteceu com as mulheres solteiras no estudo – elas mostraram uma preferência surpreendente pelos homens comprometidos. Ao saber que o homem da foto estava disponível, 59% ficaram interessadas nele. E quando era dito que o cara já estava em um relacionamento? Um enorme total de 90% das mulheres solteiras disseram que gostariam de se envolver com eles.

Existe um nome para esse fenômeno: roubo de homem. E apesar de os pesquisadores que conduziram o estudo teorizarem que é possível que homens comprometidos sejam mais atraentes para mulheres solteiras porque já demonstraram sua disposição para o relacionamento, biólogos evolucionistas dizem que uma coisa é clara: o roubo de homem na verdade não passa de uma das muitas estratégias humanas para acasalar – e às vezes é muito eficiente. É só lembrar de famosas ladras de homem de Hollywood, como Elizabeth Taylor e Angelina Jolie.

Porque uma coisa é certa: você não vai transformar um cara que não quer se comprometer em um que queira. Isso é tão importante que direi mais uma vez.

Você não vai transformar um cara que não quer se comprometer em um que queira.

Se homens indisponíveis são um problema para você, essa pode ser a lição mais importante que tirará desse livro. Mesmo que consiga fazer com que o cara crie algum tipo de laço com você, na melhor das hipóteses estará transformando-o em mentiroso (ver Capítulo 5). E, na pior, estará transformando-o em seu saco de pancadas – porque *terminará* culpando-o por não assumir um compromisso com você.

Número dois: *fique atenta a si mesma.* Às vezes, um homem pode ser fonte de ótimos conselhos sobre amor. Isso me aconteceu recentemente. Eu estava visitando Roma, onde mora um velho amigo de faculdade. Eu não o via há no mínimo uns vinte anos. Fomos almoçar e nos atualizar das novidades. Incluindo, é claro, as novidades de nossa vida amorosa.

Já fazia um tempo que eu saíra do meu último relacionamento e, na verdade, estava lidando bem com isso. Muito bem mesmo. Bem até demais. Já estava começando a me preocupar um pouco – afinal, sou a garota que se casou três vezes! Relacionamentos são superimportantes para mim, e nunca pensei que chegaria o dia em que não ligaria a mínima se estivesse ou não em um. Bem, depois de um almoço delicioso, um passeio pela *incrível* Roma e uma parada na sorveteria *(suspiro!)*, meu amigo me disse: "Tracy, você é uma mulher encantadora. Não se acomode".

Devo dizer que isso veio de um ex-professor de inglês que atualmente trabalha em uma das profissões mais empolgantes do mundo – ele é produtor de cinema – em uma das cidades mais bonitas e românticas do mundo. Não que eu estivesse me apaixonando por ele, porque, para começar, ele mora do outro lado do mundo e, para terminar, ele era casado com uma grande amiga minha. Mas ainda assim, se um cara desses dissesse que você é encantadora e que não deve se acomodar, você o escutaria.

Não se acomode. É um grande conselho. A questão é que essas três palavras normalmente são mal interpretadas como se dissessem que você deve perseguir um objetivo e conseguir tudo o que está na lista que você deve estar escrevendo desde o sexto ano. Não foi isso que o meu amigo quis dizer. Ele quis dizer que eu sou digna de um relacionamento (o que eu sei) e com alguém que realmente me mereça (o que eu nem sempre sei). Ele quis dizer que preciso dar atenção a mim do mesmo modo que dou a uma coisa que valorizo muito. É uma mensagem que preciso levar a sério. Porque quando parece que um cara está me oferecendo algo, frequentemente fico tentada a aceitar. Outras vezes, fico tentada a simplesmente deixar de lado. De qualquer modo, perco de vista a verdadeira questão: essa é a coisa certa *para mim*?

Recursos espirituais que podem ajudá-la a mudar

Existe um mecanismo espiritual na vida que diz que às vezes é preciso abrir mão de uma coisa mais ou menos para dar espaço a uma coisa incrível. Sim, todas já ouvimos histórias sobre a garota que está padecendo em um relacionamento não-lá-muito-bom quando algo fantástico aparece e bate à sua porta. Mas o mais comum é que a pessoa precise abrir mão conscientemente daquilo que não deseja para avisar o universo que está pronta para o que deseja.

O que me leva à próxima coisa que vou dizer para você fazer e de que provavelmente não vai gostar. Quero que *pare de preencher o espaço vazio* de sua vida com caras que não serão o seu homem. Deixe o espaço vazio ficar vazio. Sim, será doloroso. Você pode entediar-se ou sentir-se sozinha. Mas empenhando-se em encontrar um relacionamento com compromisso você estará preparando o terreno para outra categoria de homem.

O principal motivo que vejo para nós, mulheres, nos apegarmos a homens com os quais nunca nos casaríamos é o fato de estarmos sozinhas e querermos sentir algo (ou, pelo menos, algo melhor) naquele exato momento. Mas não dá para colocar um carro na garagem quando outro ainda está lá. Talvez você esteja tão envolvida com o Sr. Cara Errado que não consiga nem *ver* o Sr. Cara Certo (ou ele não consegue ver você). Ou talvez tenha chegado ao ponto em que é menos desconfortável ficar em um relacionamento que não funciona do que abrir mão dele. De qualquer modo, é preciso partir do princípio que, se fosse para encontrar seu homem "de verdade" enquanto continua na companhia dos "de mentira", a essa altura isso já teria acontecido. A menos que você queira arrancar mais algumas páginas do calendário enquanto persiste na ideia de que talvez... *talvez*... isso aconteça.

Recentemente, participei de um grupo de discussão sobre amor e relacionamentos. Também no painel estava uma mulher de 39 anos que quer se casar. Como sempre acontece nessas situações, uma mulher de 27 anos levantou-se na plateia e disse: "Sem querer ofender a moça que não se casou, mas não pretendo estar solteira aos 39".

Fiz a observação de que poucas mulheres *pretendem* estar solteiras aos 39 anos. Mas acontece. Ou melhor, acontece quando se passa muito tempo com homens que não têm intenção alguma de ficar com você. Então, se está em um relacionamento em que ouve a si mesma dizendo qualquer uma das coisas abaixo,

- Só estou fazendo isso até ele perceber como sou incrível e se comprometer
- Só estou fazendo isso até aparecer uma coisa melhor
- Só estou fazendo isso até __________ (preencha a lacuna)

você provavelmente deve colocar um fim a esse relacionamento. Não é um ensaio – é a sua vida. Você só vive uma vez. Faça valer a pena!

Quando sua mente começa a dizer que não é justo você ter que ficar sozinha enquanto todo mundo está desfrutando de sexo divertido e de todas as sensações boas que vêm com ele, lembre-se de que você está se comprometendo consigo mesma. Afinal, se não acha que é digna de comprometimento, por que outra pessoa deveria achar?

Quanto ao que fazer nesse meio tempo, tenho uma sugestão radical: desenvolva um relacionamento sexual consigo mesma que seja tão bom quanto qualquer coisa que tenha com um homem. Pois há outro motivo pelo qual está mantendo esses tipos que não se comprometem por perto, não é? Você quer sexo. Eu entendo, sexo é bom. Mas eis o que tenho a dizer sobre isso: *você é ótima na cama – mesmo estando sozinha.*

Vamos falar sobre ficar sozinha. Em primeiro lugar, posso afirmar que é possível chegar a um estágio em que se sinta feliz, satisfeita e *bem* por conta própria. E quando chegar a esse ponto começará a atrair um tipo totalmente diferente de homem. A grande desvantagem de ficar sozinha: não tem pinto. Não estou dizendo que não haja sexo, porque ainda pode haver. O sexo está em todos os lugares! É uma energia que existe em todos os cantos. E, mais importante, está *dentro* de você. Então quero que vá lá e a encontre.

Conheço muitas mulheres que acham que o sexo que fazem consigo mesmas é o segundo melhor. Isso não precisa ser verdade. Ok, talvez não haja penetração – embora, caso queira, isso também possa ser remediado. Sei que parece um conselho meio ordinário, mas você pode fazer amor consigo mesma. Sério. Trata-se de *elevar-se* ao espírito de estar excitada, de entrar no clima, de ser tudo o que deseja que um homem seja para você. E de levar *a si mesma* todos os sentimentos que deseja que um homem desperte em você.

Isso pode ser muito mais desafiador do que parece. Em última análise, testará sua autoestima. Qual seu grau de dependência de um homem? Você é capaz de se estimular sexualmente? O sexo é uma coisa que você acrescenta a um relacionamento ou tira dele? Você pode achar que está fazendo sexo por estar com tesão, mas é bem possível que, se pensa que o único sexo "verdadeiro" é aquele que faz com outra pessoa, existam algumas questões psicológicas ocultas por aí.

Como, por exemplo, necessidade de validação. E uma mulher que depende da validação de um homem não tem muitas chances de se tornar esposa.

Quero sugerir que você desenvolva um *relacionamento* sexual consigo mesma que tenha tanto valor quanto o que teria com um homem. Dessa forma, quando o homem realmente aparecer, entrará em uma festa que já está em andamento – não será o primeiro a chegar.

É um desafio ao modo como muitas mulheres pensam. Elas me dizem que "não é a mesma coisa" ficar sozinha e estar com um homem. É claro que não é. Mas se sexo com um parceiro é sua única definição de sexo, está condenada a arranjar algo (ou, nesse caso, alguém) para vivenciar sua sexualidade. Isso não só é falso como também é impraticável.

Há uma mudança profunda que acontece quando você se vê na maior parte do tempo como uma mulher que é um ser sexual completo – e é uma mudança de objeto sexual a sujeito sexual. *Sua* experiência consigo mesma passa a ter mais importância do que a experiência *deles* com você. E quando isso acontece você não quer mais ficar com qualquer garoto gente boa, seja em um relacionamento com comprometimento ou não.

Porque do ponto de vista espiritual, lembre-se: você atrai seus iguais. E quando você se ama em todos os níveis, já está agindo como a mulher ideal para seu par perfeito.

O que sua irmã sabe, mas não lhe contou

Vamos resumir o que foi abordado no Capítulo 3:

- ***Você é uma piranha.*** Está fazendo – ou tentando fazer – sexo casual com pessoas que não estão comprometidas com você e, mesmo que isso possa parecer bom, não está funcionando para atingir seus objetivos maiores de vida, como casamento e filhos.

- ***Sexo casual é uma grande mentira.*** Não é só porque você tem hormônios que se ligará a alguém com quem está fazendo sexo, mas também porque o sexo faz as pessoas agirem de forma estranha, como casar com um adolescente ou abdicar do trono.
- ***Homens não se apaixonam por meio de seu pinto.*** A maioria é capaz de transar com você por mil anos e nunca ter a sensação de estar "apaixonado" – a menos que já sintam isso desde o início. Para a maior parte deles, entrar em um relacionamento de longo prazo é uma decisão. Ponto final.
- ***Pare de se envolver com homens indisponíveis.*** Você não terá progresso nessa área até colocar isso em prática. Porque nunca transformará um cara que não quer se comprometer com você em um que queira. Não vai rolar.
- ***Deixe o vazio existir.*** Em vez de preencher sua mente, vida e cama com um cara que não está comprometido com você, esteja atenta ao sexo onde ele estiver. Vá dançar. Faça uma aula de ioga. Toque no braço de um homem. Todas essas coisas fundamentarão sua sexualidade de um modo muito mais poderoso do que transar com um cara que não quer se comprometer com você.
- ***Ame-se.*** O relacionamento sexual que você tem consigo mesma é a base de todos os outros relacionamentos sexuais que tiver. Transforme-o em uma coisa boa.

4. Você é louca

Ou lidando com a Courtney Love que existe em você

1. Você é o tipo de pessoa que sempre tem algum drama na vida?
2. Você já machucou alguém, algo ou você mesma em uma briga com um homem?
3. Você às vezes sofre as consequências de coisas que disse ou fez impulsivamente?

AQUI ESTÁ VOCÊ AGINDO COMO LOUCA: está em Nova York com seu novo namorado. De férias, a primeira que passam juntos. Ao entrar em um restaurante, começam a discutir sobre algo sem importância, ou pelo menos algo que *deveria* ser sem importância. Mas ao sentarem-se à mesa, o telefone dele toca – dois toques curtos, que você sabe que é uma mensagem de texto, e não um e-mail, pois presta atenção a coisas assim – e ele lê a mensagem. Você o observa mexer no telefone e aquela *sensação* sobe até seu peito. Você sabe que não vale a pena, mas ainda está irritada com a discussão, então decide censurar os torpedos. Um minuto depois, lá está você, fazendo aquela pergunta que nenhuma mulher da era do smartphone deve fazer: "Quem é?".

Ele também está irritado com a discussão e, além disso, o relacionamento mal começou e ele não pode deixar você pensar que pode controlá-lo desse jeito. Então ele olha para você e diz aquela palavra que nenhuma mulher da era do smartphone quer ouvir: "Ninguém".

As letras do cardápio estão embaralhadas e sua mente está encenando um monólogo: *Esse cara realmente não me entende. Deve estar me traindo. Minhas necessidades nunca serão satisfeitas dessa forma. Com certeza ele está me traindo. Eu não deveria estar nesse relacionamento.* Repetidas vezes. Você sabe que deveria ficar calma – mas simplesmente *não está.*

Quando seu namorado pergunta se está chateada, você nega com a cabeça, porque se disser algo ficará óbvio que está surtando por causa da mensagem de texto e sabe que isso não é legal. Seu coração começa a bater ainda mais forte, e você começa a ter aquela sensação de aperto e temor no peito. Quando ele a pressiona – "O que foi?" –, parece estar ligeiramente irritado, e você se sente tão criticada que não aguenta nem mais um segundo e, de repente: *Já chega.* Você se levanta e sai do restaurante.

Isso mostrará a ele.

Por um instante, você *ama* saber que ele está lá sentado, sozinho, com cara de bobo e – você espera – sentindo-se mal bem na frente de todas aquelas mulheres de Nova York. Você se concentra em como foi errado ele falar daquele jeito irritado. Lembra-se de que você realmente não quer se relacionar com alguém que a faz se sentir desse jeito. Mesmo que todos os relacionamentos façam com que se sinta assim.

Mas agora que está parada na calçada e ele vem em sua direção você vê que seu plano pode ter funcionado, mas apenas por trinta segundos. Pelo olhar dele, você deve ter causado danos sérios e irreparáveis. Seu novo homem – aquele a quem ama e com quem quer ficar – está olhando para você da pior maneira que um cara pode olhar...

Como se você fosse louca.

A verdade por trás disso

Loucura tem a ver com *intensidade*. Com descontrolar-se emocionalmente, agir contra o seu próprio bem nos relacionamentos, alimentar muito drama, ser carente, magoar-se com muita facilidade, ser ciumenta, insegura e/ou estar em outros estados psicológicos que os homens não querem ver na mãe de seus filhos. Isso também inclui distúrbios alimentares, chorar depois do sexo e qualquer coisa que seja fácil imaginar a Courtney Love fazendo.

Intensidade é quando um relacionamento comum parece tedioso. Você está em busca de algo mais na linha Sid e Nancy, mas sem a parte do assassinato. Filmes, televisão e canções insistem que intensidade é igual a amor. Não é. É igual a caos. Pense em Elizabeth Taylor e Richard Burton em *Quem tem medo de Virginia Woolf?*. Eles precisam mesmo perguntar quem tem medo? A resposta é: o marido de Virginia, seus colegas de trabalho, sua mãe e todo mundo que ela conhece.

O louco vem em duas versões básicas: o muito louco e o um pouco louco. Se você é muito louca, já sabe disso porque pelo menos três pessoas – e nem são seus ex-namorados – já disseram. Quem é muito louca faz loucuras de grande porte – como a garota que jogou combustível no banco da frente do carro do ex-namorado e botou fogo. Violência, automutilação, vandalismo sério e destruição da reputação de alguém (mesmo que a sua própria) entram nessa categoria. A loucura em grande escala nunca é graciosa ou dramática se você for um perigo para si mesma e para os outros.

A mulher um pouco louca é mais sutil. Pense nas coisas que já disse e fez ao conviver com homens e que a fizeram explodir em palavrões. Como minha amiga Suzanne. Ela estava de olho em um cara que era uma graça na corrida diária que fazia ao redor de um lago. Nos últimos meses, eles haviam evoluído do contato visual a cumprimentos alegres ao passarem um pelo outro. Assim que a paquera ficou mais consistente, Suzanne naturalmente começou a ter esperanças de que pudessem caminhar para a próxima fase. Então, em um final de semana, ela fez luzes nos cabelos. Mas, ops, ficaram claras demais. Tipo o cabelo da Gwen Stefani. Na mente de Suzanne, aquilo dava a impressão de que ela estava de peruca.

Obviamente, luzes um-pouco-claras-demais não são um problema legítimo, mas é assim que funciona a cabeça de Suzanne. Agora ela não quer ver o cara na pista de corrida. Não é algo que ocupe muito seus pensamentos, mas está lá: *ele não vai gostar de mim.* Então ela não vai para a pista até acertar a cor das luzes.

Isso, pessoal, é uma loucura moderada.

O modo mais fácil de saber se você é louca é observar se está constantemente contando histórias longas e envolventes sobre o que aconteceu no último final de semana. Você pode até ter uma turma de amigas muito especiais (ou seja, codependentes) que adorem viver indiretamente por meio de seu drama. É isso que acontece com a intensidade: é viciante e adora uma plateia.

Por isso, a primeira coisa que terá de fazer é parar de falar sobre isso. A euforia de reproduzir a intensidade recontando a história a seus dez codependentes preferidos é quase tão boa como a euforia do próprio drama. E seus codependentes também precisam voltar ao trabalho.

O fato de você ter codependentes pegando carona em seu trem de loucuras aponta o que realmente está acontecendo com a insanidade romântica, seja grande ou mais moderada. E isso é *dependência*. Se olhar de perto, a piração vem de uma crença latente de que somos dependentes do resultado do que acontece com determinado homem e não ficaremos bem a menos que as coisas saiam de um certo jeito (normalmente, do jeito em que conseguimos o que queremos: o cara).

Por favor, observe: é difícil existir alguém que acredite *conscientemente* que quer tanto um homem. A maioria de nós finge que está bem – *bem* –, conseguindo ficar com ele ou não. Mas isso pode não ser verdade. Muitas vezes, a crença de que não ficaremos bem sem ele nos espreita – como a própria loucura – abaixo do nível da consciência.

A intensidade é ainda pior para os homens

Intensidade não é a mesma coisa para homens e mulheres. O psicólogo John Gottman fez várias pesquisas sobre o que acontece quando homens e mulheres interagem uns com os outros – seja simplesmente conversando ou brigando para valer. Gottman cunhou o termo "inundação" para descrever o que acontece quando há uma descarga de adrenalina e a reação de lutar ou fugir é desencadeada. A pulsação fica acelerada, os músculos, tensionados, e o coração bate com tanta força que quase chega a doer. O interessante é que Gottman descobriu que os homens são "inundados" mais facilmente do que as mulheres. E, uma vez inundadas, as pessoas acham impossível pensar logicamente, agir racionalmente ou concentrar-se no que o parceiro está falando.

Isso explica o diferencial entre o que homens e mulheres consideram "negatividade". O que nós, meninas, consideramos praticamente inofensivo – o Kenny G. das reclamações, críticas e brigas – pode ser vivenciado por um homem como algo mais próximo de um show do Metallica.

É também por isso que você precisa controlar sua loucura. Porque os homens não estão brincando quando dizem que não conseguem suportá-la. Está provado cientificamente que é verdade.

Se romper com esse comportamento, no entanto, você verá com clareza. Por que você mandaria dezenove mensagens de texto para um cara que não respondeu as três primeiras? *Porque não consegue ficar bem até ter um retorno dele.* Por que destruiria a casa dele ao terminar o relacionamento? *Porque ele tirou de você algo sem o qual não quer viver: ele próprio.* Por que ainda estaria fantasiando com um cara com que terminou há meses ou anos? *Porque no fundo não tem certeza se algum dia encontrará alguém melhor.*

É tudo meio circular: reduzir a loucura é livrar-se da dependência, e quando você se livrar da dependência, diminuirá a intensidade. E, sem intensidade, você pode encontrar algo que nunca esperou: *calma*. E isso pode ser enlouquecedor. Porque é desconfortável quando as coisas se acalmam em um relacionamento que foi muito intenso. Nenhum dos dois parceiros sabe muito bem o que fazer com toda aquela paz! De repente, sobra todo esse tempo para *se relacionar* – você e seu namorado sentem-se tão próximos! Talvez você nem goste muito. E é aí que descobre o que toda aquela intensidade estava fazendo por você: garantindo que seus relacionamentos nunca ficassem muito íntimos.

Observações da minha vida como namorada ciumenta e temerosa

Percebi isso – e por perceber quero dizer que um namorado fez o favor de berrá-lo durante uma briga – cerca de cinco meses após começar um novo relacionamento. Eu estava fazendo meu discurso ciumento e temeroso de sempre (porque eu era assim no início dos anos 2000 – está bem, talvez se aproxime de 2010 ou 2011), em que expresso todo tipo de "intuição" dizendo que meu namorado vai me largar, se não agora, em algum momento nos próximos vinte anos.

Minha solução para esse medo é dar uma de Sherlock Holmes para cima do cara. Não que eu xerete seu celular ou e-mail (bem, não sem um motivo sério). Sou mais sutil do que isso. Não, eu vasculho o âmbito psicológico, procurando pistas sobre seu comportamento em relacionamentos anteriores, sua infância, o relacionamento com a mãe. Interpreto essas pistas. Depois, apresento minha "prova" de que ele inevitavelmente me abandonará – o que, de alguma forma, sempre soa exatamente como uma crítica. Naturalmente, namorados não gostam disso. Eles me dizem que sou louca e se retiram. O que uso como prova de que estava certa.

No decorrer dos anos, executei esse adorável ciclo praticamente do momento em que realmente começava a me apaixonar pelo cara até ficar mais firme no relacionamento (como na hora de cortar o bolo). Mas o namorado mencionado acima foi especialmente observador e, um dia, no meio de uma grande briga, ele me disse: "Não vê o que está fazendo, Tracy? Você só está me afastando". E depois disse em um tom de voz estou-muito-irritado-e-não-vou--mais-suportar: "*Pare com isso*".

Por algum motivo, provavelmente minha idade avançada, de repente *entendi*. Acendeu uma luz e vi que havia passado toda a minha vida adulta brigando com os homens como um meio de fazer eles se afastarem. Porque quando um cara fica próximo eu gosto e, quando gosto, temo que seja tirado de mim. Então, simplesmente afasto o cara antes que ele possa me abandonar – o que gera exatamente o resultado que temo, mas pelo menos eu "estou no controle", certo?

Humm, *certo*. O que é, em uma palavra, loucura.

Algumas coisas relevantes sobre os homens

Poucos namorados teriam lidado com uma situação assim como aquele meu ex. Porque nada assusta mais os caras do que quando você dá uma de louca. Faz com que percam o interesse e sintam-se estranhos – e isso quando você só tem ataques de loucura de vez em quando. Se acontece com regularidade, eles se sentem vítimas, ficam assustados e irritados. Os únicos homens que desejariam uma parceria de longo prazo com uma mulher que faz com que se sintam assim são aqueles que têm mães doidas. E, por Deus, esses caras já têm problemas demais. Além disso, não precisamos de mais homens sentindo-se estranhos, vítimas, assustados ou irritados por aí. É ruim para eles e ruim para nós. É ruim para o mundo.

Os homens não gostam de ver sua loucura porque, intuitivamente, sabem que é um sinal de dependência. Significa que, de certa forma, você deu muita ênfase a um cara, a uma situação, e ao que vai acontecer. E isso os assusta. Visualize a dependência como uma pessoa apoiada em alguma coisa, tipo uma mesa. Se a mesa move-se repentinamente, o que acontece? A pessoa cai. Nenhum sujeito saudável quer que você seja tão dependente dele. A sensação é de que você pode fazer algo drástico se ele a deixar, ou mesmo se ele apenas quiser fazer coisas que as garotas odeiam, como ir a uma despedida de solteiro ou tomar um café com a ex-namorada.

Ao completar trinta anos, a maioria dos homens já passou por pelo menos uma experiência ruim com uma namorada louca e, assim, está mais apto do que você mesma a enxergar isso na sua pessoa. Saiba que, se muitos homens já disseram que você é louca ou que é muito intensa, é disso que estão falando.

Meu amigo Tommy colocou um fim em uma situação assim recentemente. No final da década de 90, Tommy namorou por pouco tempo uma inteligente e cativante atriz australiana chamada Jane. Eles tiveram esse caso de amor intenso que terminou de forma abrupta porque Tommy estava com trinta e poucos anos e pelo menos uma década longe de sequer *pensar* em se aquietar (em Los Angeles e Nova York os homens têm pelo menos sete anos de defasagem em relação à idade cronológica). Jane ficou de coração partido, mas acabou tocando a vida.

Avançando para 2011: Tommy e Jane reatam. Agora que estão com quarenta e poucos anos, a relação deles não é menos quente nem intensa – na verdade, pode ser até mais. Eles dormem juntos na primeira noite e, nos dois meses seguintes, a casa fica pegando fogo. Mas quanto mais fundo vão no relacionamento, mais louca Jane fica. Ela começa a ficar sensível após o sexo, bombardeando Tommy com seus medos. Ela lembra que Tommy a deixou da primeira vez e tem muito medo de que aconteça de novo.

Com o passar do tempo, como era de se imaginar, Tommy começa a se distanciar – o que, como era de se imaginar, faz com que o medo de Jane fique ainda mais aguçado. Jane deveria diminuir a intensidade de seu relacionamento com Tommy a um nível que fosse capaz de manter confortavelmente. Mas ela ficou meio louca, então em vez de relaxar um pouco mais ela *insiste* um pouco mais. Oh-oh. Logo ela está tão sobrecarregada emocionalmente que, quando Tommy não liga um dia depois que eles deixam a casa em chamas mais uma vez, Jane vai até a casa dele em um domingo e perde a cabeça – tudo isso enquanto Tommy está na dele, consertando o carburador do carro.

Em resumo, Jane recriou o mesmo cenário que a preocupava. Por quê? Porque se aprofundou no relacionamento além do que poderia *dentro de sua zona de conforto emocional.* Digamos que transar com um cara exija certa quantia de fundos em sua conta bancária emocional. Jane estava gastando muito mais com Tommy do que poderia pagar emocionalmente. Quando se percebe que isso está acontecendo, é preciso diminuir a intensidade. Mas, em vez de fazer isso, Jane tentou buscar segurança em Tommy – para "compensar a diferença" entre o que estava investindo no relacionamento e os fundos que tinha na conta bancária emocional. O que aconteceu? Você adivinhou – Tommy, consternado com a carência de Jane e a loucura causada por ela, terminou o relacionamento de forma abrupta mais uma vez. Uma reação muito previsível para um homem.

Por que Lauren não se casou

Minha amiga Lauren tem outra qualidade que os homens adoram (*e não adoram*): ela é tipo a garota mais impulsiva do mundo. Na verdade, ela tem aquela combinação muito especial de autoestima baixa e impulsividade que faz com que assassine seus relacionamentos, usando o telefone celular como uma arma semiautomática.

Por exemplo, o namoro mais recente de Lauren terminou com ela mandando *dezenove* torpedos no decorrer de uma noite inteira – culminando em uma ligação às 6h40 dizendo ao correio de voz dele que estava *tudo terminado*. Por volta das 15h do dia seguinte, ela quis retirar tudo o que disse, mas o cara – sabiamente – não atendeu o telefone. Para piorar, ela trabalha com ele e agora é obrigada a vê-lo de tempos em tempos no elevador. Dizer que as coisas ficaram muito constrangedoras é um grande eufemismo.

Escrever torpedos e e-mails rancorosos, emotivos ou intensos é como jogar roleta russa com balas em todas as câmaras do revólver, exceto uma. Pode haver uma chance minúscula de que aquela coisa impulsiva que você sente que deve dizer naquele segundo tenha efeito positivo no relacionamento, mas a chance é muito pequena para se correr o risco. Eu digo a Lauren que, se ela precisar muito escrever mensagens e e-mails coléricos, vá em frente, mas (1) observe rigidamente a regra das 24 horas antes de enviar qualquer coisa, (2) tenha uma amiga de confiança para ler todos os seus e-mails *antes* de enviá-los aos destinatários e, o mais importante, (3) *não* coloque o nome do destinatário no campo "Para" *até* ler a mensagem para sua amiga imparcial –

você não vai querer enviar nada "acidentalmente" para a pessoa em questão.

Então, como você sabe se pode ou não comunicar algo a alguém? Bem, tenho um método infalível para determinar o que precisa ser feito ou dito em qualquer momento: *se você tem o ímpeto de fazer uma coisa, não faça.* Em linhas gerais, o ímpeto é um sinal de que você perdeu a cabeça temporariamente. E quanto mais forte o ímpeto, mas tempo você vai demorar para restabelecer sua sanidade. Ímpetos servem para mostrar que você está categoricamente lidando com um sentimento ou pensamento de natureza emocional. E se estiver vendo uma situação por meio das emoções, está vendo a versão mais distorcida possível. Você precisa deixar a intensidade diminuir e voltar ao assunto quando estiver enxergando um pouco menos de neon e um pouco mais de sépia. Mais uma vez, se precisar falar sobre isso, ligue para uma amiga. Em nove de cada dez vezes, depois de uns vinte minutos o ímpeto já deve ter passado.

É tarde demais para o cara do trabalho de Lauren, mas tomar esse tipo de precaução pode ajudar muito a salvar os futuros relacionamentos dela – *se* ela combinar técnicas assim a um ataque aos problemas latentes.

O que você terá que mudar

Você vai precisar procurar *ajuda.* Obviamente não sou terapeuta, mas já gastei milhares de dólares com um (ou seis). Também já li cerca de setenta livros na esperança de desvendar os mistérios de minha própria disfunção e fico feliz em dizer que funcionou! Agora sei que a maior parte das bobagens insanas que eu fazia nos relacionamentos está relacionada à minha infância. Isso é que é descoberta.

Pode apostar que sua insanidade também tem relação com a infância. Se sua loucura está afastando os maridos, é uma questão de grau: seu caso é grave ou moderado?

Se agiu como uma pessoa muito louca mais de uma vez no passado recente (digamos, de um a três anos), você só tem uma escolha: procurar ajuda. Precisa ir imediatamente para a terapia e começar a lidar com os traumas de infância que quase certamente estão por trás de seus atos. A parte de sua mente que diz que você não é *tão* complicada está mentindo. Isso não a transforma em uma má pessoa, mas significa que assim que entrar em um relacionamento que tangencie um ponto específico, todos esses sentimentos – e, consequentemente, todo esse comportamento insano – voltarão com tudo, como acontece com uma infecção quando você só toma o remédio por dois dias.

Se você acha que não pode fazer terapia por falta de dinheiro, não se preocupe. Várias cidades têm centros de tratamento a baixo custo. E muitos terapeutas dedicam parte de seu tempo ao atendimento de pacientes que pagam de acordo com uma tabela variável. Se você quiser muito, vai encontrar. É só fingir que está bisbilhotando o perfil da nova namorada do seu ex no Facebook.

Se está mais para o lado da loucura moderada, ainda tem assuntos da infância para tratar antes de entrar em um relacionamento saudável, mas talvez se aproxime mais de um churrasco do que de um incêndio grave. Comece tratando a dependência, sem a qual os piradinhos não existem. Existem coisas mais importantes na vida do que um cara – seja um cara qualquer ou aquele cara pelo qual está totalmente caída. Sei que você já sabe disso, mas às vezes, quando realmente se fala o que se pensa e se discute sobre isso um dia inteiro, parece muito que você acredita mesmo que sua existência não terá início até você encontrar um parceiro para a vida toda. Isso não é verdade.

Você já ouviu um milhão de vezes que precisa ser uma pessoa brilhante, interessante e fascinante se quiser atrair o companheiro perfeito. O que estou sugerindo é que você queira ser uma pessoa brilhante, interessante e fascinante para não morrer de tédio e deixar os homens terem uma importância muito grande em sua vida. Porque assim que conseguir aquele cara e ficar com ele por um tempo, você perceberá que ele não é aquilo tudo – nenhum homem é! – e vai querer ter outra coisa para fazer.

A solução, como costumava dizer um dos meus terapeutas mais sábios, é voltar para casa para ficar com a Tracy (coloque seu nome no lugar do meu). A princípio, isso me pareceu idiota. Que diabos significa "Voltar para casa para ficar com a Tracy"? Então parei um instante e me imaginei entrando pela porta de casa. Não a casa em que eu morava, mas uma que vi na edição de uma revista de arquitetura com a Jennifer Aniston na capa. Imaginei-me chegando a uma casa luxuosa de meados do século, com iluminação perfeita e uma piscina reluzente. Imaginei como ficaria feliz ali. O que faria?

E foi quando me dei conta, depois da terapia (e tudo o que ela implica), de que uma pessoa precisa de *hobbies*. Muitos. Hobbies podem parecer simples demais para serem dignos de menção em um livro sobre relacionamentos, mas não são. Porque os hobbies dizem muito sobre *você*. Sobre suas paixões. Quem é você? O que faz de você *você*? Como você passa o tempo e constrói um relacionamento consigo mesma? Seus hobbies são um tempo especial entre você e você.

Assim, pense naquilo que *ama* (além dele). Comece a colocar em prática. Desta forma, quando ele não ligar ou decidir que não pode se comprometer ou caso se dê conta de que prefere correr atrás de uma mulher indisponível em vez de ficar com alguém que está bem ali na frente dele, você pode se voltar a uma grande pilha de *você*. Com atividades de que gosta. Pois você se ama por meio de ações, não apenas por meio de sentimentos.

Os meus hobbies são escrever, cuidar do jardim, tricotar, ouvir música, ler e ir ao cinema. Também conversar com os amigos, sair para caminhar, cozinhar algo gostoso, consertar alguma coisa em casa, ir a um museu, ver um bom programa de TV ou tomar uma deliciosa xícara de café. Pense no que fazia quando criança ou adolescente naqueles momentos em que estava tão entediada que não conseguia mais aguentar. A quais atividades recorria? No meu caso, era um livro novinho ou uma revista – eu era capaz de me sentar com eles e fugir (no bom sentido) para outro mundo. E eu ainda aprendia algo no processo.

Nunca me esquecerei do momento em que me dei conta de como havia me transformado em uma pessoa equilibrada. Tinha brigado com um namorado e ele havia saído irritado. Em vez de sentir pânico e ligar várias vezes ou ficar indo atrás dele, simplesmente olhei ao meu redor e disse para mim mesma: *Que bom. Agora posso passar mais tempo preparando o ensaio que estava escrevendo*. Não perdi um minuto de sono naquela noite. E, quando acordei de manhã, ele estava à minha porta com um cartão, café e pão doce.

De fato, voltando para casa para ficar com a Tracy.

Recursos espirituais que podem ajudá-la a mudar

De um ponto de vista espiritual, sua loucura está onde suas feridas estão – sejam feridas da infância ou de relacionamentos passados. Está onde você acha que não receberá apoio. Onde teme que, se não fizer alguma coisa, *ninguém vai fazer*. Onde guarda, ou metaboliza, sua dor pelas mágoas e decepções da vida. A boa notícia é que tratar sua loucura será libertador em todas as áreas de sua vida.

O antídoto para a loucura é saber que você tem *escolhas*. Como já foi dito, ser intensa, dependente e descontrolada é como uma explosão de raiva – você volta a um estado infantil. Há uma máxima que diz que crianças criadas em lares problemáticos não têm poder algum e sabem disso, enquanto adultos que vivem em lares problemáticos têm poder e não sabem. Deixar a loucura de lado é entender que você tem poder – basta exercitá-lo de modo que funcione a seu *favor*, e não contra você.

As escolhas ajudam a formar sua história. Como falamos no Capítulo 1, as coisas que você diz a si mesma terão um enorme efeito sobre sua maneira de lidar com homens e relacionamentos. No fundo de cada coisa louca que faz, há uma história que tem você no papel de vítima. E quem quer se casar com uma vítima?

Existe um termo para o ato de atravessar os momentos em que a loucura aflora: "autoconsolo". Talvez nenhuma capacidade psicológica ou comportamental seja mais importante para se ter um ótimo relacionamento. O autoconsolo é exatamente o que diz a palavra: é quando você gentilmente pega a si mesma pela mão e sai andando calmamente da loja de departamentos da vida quando você está tendo um ataque de birra e se jogando no chão. É quando sabe como respirar fundo dez vezes antes de dar aquele telefonema ou fazer algo impulsivo. É toda vez que você precisa dizer a si mesma que tudo ficará bem e obrigar-se a arrumar razões plausíveis para tal ("Porque a Oprah disse"? Claro, se funcionar). Às vezes para mim o autoconsolo é simples como ligar o piloto automático em um dia ruim – chegar até as 23h para poder ir para a cama, dormir e saber que, quando acordar, poderei começar de novo.

Na verdade, toda a questão das escolhas/autoconsolo diz respeito a *ter controle sobre a mente*. Mudar o pensamento é algo que exige esforço, e não algo que se paga com cartão de crédito. Seguem três grandes áreas em que vejo muitas mulheres ficarem presas nos seus pensamentos:

1. *Seu homem de verdade nunca pode "fugir"*. Você precisa comprometer-se a um padrão de pensamento no qual nada em sua vida amorosa acontece por acaso. Se um cara vai embora, *sejam quais forem as circunstâncias*, o motivo é um só: *ele não é o seu homem*. Mesmo que ele diga crueldades ao sair – que suas sobrancelhas são muito grossas ou que ele não gosta de como você canta. Você tem escolhas, então está escolhendo *saber* que suas sobrancelhas grossas são apenas o jeito encontrado pelo universo para tirar esse cara da sua cama e abrir espaço para o seu homem de verdade. Saber disso fará você progredir muito mais rápido sem se transformar em uma grande *coitadinha*. Em vez de precisar adivinhar por que não deu certo todas as vezes que pensar nele, você simplesmente pode passar direto ao "com certeza ele não era o tal", porque, se fosse, estaria aqui.

2. *Você terá uma ótima vida, independente de qualquer coisa*. É muito importante que você *opte* por acreditar que vive em um mundo em que é inevitável ter

uma ótima vida. A responsabilidade é sua! Você não pode ficar sentada se fazendo de vítima e ainda esperar que um ótimo relacionamento simplesmente apareça e implore para que você entre nele. Se seu coração está focado em casamento, você deve acreditar que terá seu casamento. Não porque vai "arrumar" um marido, mas porque vai *optar* por estar em uma situação em que um casamento é possível. Isso significa preparar-se. Você precisa ser esposa antes de ter um marido. E se você é louca, ainda não é uma esposa.

3. *Mantenha a posição.* Sabe quando na aula de ioga a professora pede para você ficar em uma posição e no início você pensa "é fácil", mas 45 segundos depois está surtando, perguntando-se quando aquilo vai *acabar*? É assim o processo de fazer escolhas.

Toda vez que escolher saber – e é preciso escolher *saber*, não torcer para – que seu homem maravilhoso pode encontrá-la *independentemente das probabilidades existentes nesse exato segundo*, estará dando um passo na direção de seu casamento (im)perfeito. Isso pode não acontecer no primeiro mês, nem no sétimo. Mas *acontecerá* se continuar escolhendo o que *quer*, e não o que *não quer*. Não é uma tarefa fácil.

No entanto, ao fazer essa escolha várias vezes – primeiro um dia, depois outro, depois uma semana, um mês, até a coisa se tornar automática –, logo descobrirá que reconquistou muito do poder sobre como sua mente age nesses panoramas emocionais, especialmente quando se trata de relacionamentos amorosos. Você logo perceberá que se sentirá diferente e, depois disso, sua vida começará a surpreendê-la de maneiras novas e empolgantes.

O que seu colega de escritório sabe, mas não lhe contou

Vamos resumir o que abordamos no Capítulo 4:

- ***Você é louca.*** Você é ótima em termos de intensidade e descontrole emocional, mas isso simplesmente não é o que a maioria dos caras procura em uma companheira.
- ***A loucura assusta os homens.*** Eles se sentem vítimas e ficam assustados, a menos que tenham uma mãe doida. Nesse caso, já têm problemas suficientes sem você para piorar a situação.
- ***Procure ajuda.*** Problemas na infância são como a crosta que se forma na parte interna da tampa de um vidro. Em excesso, não é possível abrir o vidro. A terapia ajuda a limpar tudo isso.
- ***Arrume alguns hobbies.*** Entre para uma banda, aprenda a patinar no gelo. Os hobbies servem para você criar uma relação consigo mesma, o que diminui seu grau de dependência de um relacionamento com um homem. E é sua dependência dos homens que está fazendo você agir como louca.

5. Você é egoísta

Ou a base do casamento é dar – e não receber

1. Sua ideia de casamento tem mais a ver com casa, filhos ou segurança financeira?
2. Você é o tipo de garota que muda a toda hora de emprego, namorado, amigos e apartamento?
3. Você pensa no relacionamento amoroso como uma oportunidade de servir a outra pessoa?

Se você está solteira, é provável que pense muito em você. Pensa em suas coxas, suas roupas, seus sulcos nasolabiais. Pensa em sua carreira ou, se não tem uma, pensa em virar professora de ioga. Às vezes você pensa que se casar com um cara rico – ou um cara com um emprego muito, muito bom, que seja – resolveria todos os seus problemas. Sabe quando dizem que uma pessoa se acha o centro do mundo? Essa pessoa é você!

Às vezes você pensa consigo mesma se precisa mesmo de um marido. Talvez esteja bem sozinha. Quero dizer... quem quer ter que lidar com outra pessoa o tempo todo? Os outros são um saco, francamente. Eles atrapalham quando você quer comer sucrilhos no jantar ou depilar-se no meio de uma tarde de sábado. Estão sempre deitados no sofá, assistindo a algo de que você não gosta na TV e comendo alguma coisa com cheiro horrível, a menos que seja você quem está comendo. Você precisa limpar a sujeira deles. Se pudesse ter um marido que morasse na casa ao lado – na verdade, quem sabe a uma quadra ou duas de distância –, talvez fosse perfeito. Estariam ali, mas não estariam ali.

Parece muito bom, não parece? Seja sincera. Parece, não é? Bem, se você é americana, praticamente nasceu com essa sensação. Porque os Estados Unidos são o *país mais egoísta do mundo*. É um país formado com base no individualismo e na busca pela felicidade. Somos tão individualistas e tão felizes que cerca de 46% de todos os lares são mantidos por uma pessoa solteira. São cerca de 52 milhões de solteiros que não compartilham sua vida com ninguém. E, no momento, você faz parte dessa estatística.

Mas ultimamente você anda pensando que já pode estar pronta para deixar tudo isso para trás. E pode. Logo depois que parar de ser tão egocêntrica.

A verdade por trás disso

Egoísmo é exatamente o que parece ser. É quando você se aproxima dos homens (e o mesmo serve para o mundo, mas esse livro é sobre relacionamentos, então vamos nos concentrar nisso) pensando em *você* – em como eles fazem *você* se sentir, em como *você* fica ao lado deles, no que eles acrescentarão ou não à *sua* vida. Você pode dizer: “Bem, *dãã*, e tem outro jeito de pensar nos homens?”. Acredite se quiser: tem, sim. Mas logo chegaremos a isso.

O egoísmo faz as pessoas agirem como crianças que querem o que querem na hora em que querem. Crianças são egocêntricas. Acham que o mundo gira em torno delas e não conseguem ver como suas ações afetam os outros. Ou conseguem, mas não sentem ou não se importam. É por isso que o egoísmo torna uma parceria impossível. Porque não é possível ser parceiro de uma criança. Você só consegue cuidar de uma.

Se você é egoísta, você *ama* que cuidem de você. Na verdade, está certa de que alguém deveria estar trazendo um cappuccino para você nesse minuto. Afinal, você merece. Se está se perguntando com quem um egoísta se parece, pense em qualquer celebridade *afetada* (na verdade, praticamente qualquer celebridade serve). Se seu comportamento de alguma forma inclui pedir que alguém faça algo para você sem nem se prestar a olhar nos olhos dessa pessoa, é provável que você seja egoísta. Se exige que alguém coloque o título "senhorita" antes de seu primeiro nome – mesmo se for um "senhorita" *invisível* –, é provável que você seja egoísta. Se acha que se daria muito bem em um *reality show*, certamente, e sem dúvida alguma, você é egoísta.

Outro motivo pelo qual pessoas egoístas são péssimas esposas é o fato de não se relacionarem bem com os outros. A maioria de suas ações tem como foco conseguir algo que querem, manter o que têm ou livrar-se do que têm, mas não querem (como melhores amigos, emprego, apartamento, e, triste dizer, pessoas). Como pode imaginar, isso não é divertido para seus companheiros. Porque quando uma pessoa egoísta não vê mais utilidade em você, você está fora.

Homens que já sofreram isso na pele algumas vezes sabem muito bem. Praticamente todos eles já saíram com uma mulher egoísta pelo menos uma vez e se deram mal. Daí em diante, os caras podem até estar dispostos a aguentar uma garota egoísta (e por aguentar quero dizer *comer*), contanto que achem que não precisarão lidar com ela pelo resto da vida. Mas eles têm uma desconfiança natural em relação a casar com uma mulher assim, não só porque é quase impossível fazer felizes as pessoas egoístas – e homens não querem viver com alguém que não consegue ser feliz –, mas também por uma razão muito mais básica: pessoas egoístas dão péssimos pais.

Por esse motivo, o egoísmo vai interferir muito mais na sua vida a dois do que em sua capacidade de sair com os homens. Uma garota egoísta normalmente consegue encontrar um cara para ficar com ela por um tempo, mas ele não vai querer se aprofundar no relacionamento.

Segue uma breve lista de outras atitudes por meio das quais você pode praticar o egoísmo sem saber:

1. *Você é rígida.* Antigamente conhecido como ser cabeça-dura. No entanto, esse comportamento era comumente considerado uma coisa que impedia que moças mais velhas (de 36 anos) encontrassem companheiros. E estavam certos. Se você precisa que tudo seja exatamente como quer, é bom saber que não são muitos os homens que considerarão isso um atrativo. Tudo bem se as almofadas do sofá estiverem fora do lugar, e tudo bem se a tampa do vaso estiver levantada. Supere.
2. *Você é regida pelo ego e/ou é materialista.* Se sua principal orientação em relação a um cara é se ele vai ou não fazer com que você pareça bem, comprar presentes ou pagar seu cartão de crédito, você está pensando muito em si própria. Não pode esperar que outra pessoa faça por você algo que é, pelo menos tecnicamente,

capaz de fazer sozinha. O que equivale a dizer: arrume um emprego.

3. *Você é carente.* Ninguém jamais acha que é carente. As pessoas apenas acreditam estar procurando um pouco mais daquilo que querem vindo de quem elas querem que faça aquilo por elas. Se você é carente, significa que se vê como alguém que deveria estar do lado que recebe na maioria das transações. E essa é uma expectativa irreal, para dizer o mínimo, no contexto do casamento. Se você está se perguntando se é carente, anote suas cinco próximas conversas telefônicas. Se a outra pessoa toma a iniciativa de desligar mais de 50% das vezes, a resposta é: receio que sim.

4. *Você não consegue se autoconsolar.* Você não é capaz de se acalmar quando não consegue o que quer. Então vai fazer compras, beber ou comer e, se nada disso funcionar, desconta sua frustração nas pessoas à sua volta. Se você tem um homem em sua vida, espera que ele converse com você até se sentir melhor, mesmo se levar três ou quatro horas. E por conversar eu me refiro a ele ali, sentado, ouvindo você falar. Observação: se não consegue se consolar, você perceberá, porque terá a sensação de que todos acham que você é especial, mas ninguém dirá por quê. Sério, na verdade eles têm medo de você.

5. *Você sempre quer sentar na janelinha (ou no corredor, ou no assento de frente para a porta).* É tão óbvio que nem deveria ser mencionado – exceto para uma pessoa egoísta. Ninguém consegue as coisas do seu jeito o tempo todo. Você sabe disso, não é? Mas ficaria surpresa. Porque há muitas mulheres que realmente acham que é parte da função de um homem absorver o desconforto por elas. Sim, há toda uma história de cavalheirismo que comprova essa afirmação. Mas, na

prática, não é justo. Nem adulto. Chega um ponto em que começa a parecer uma dinâmica entre pai e filha e, se você parar para pensar, verá que é muito estranho. Então, se está fazendo isso, pare.

Se alguma dessas coisas está irritando você, provavelmente há algo aqui em que precisa dar uma olhada antes de ser carregada no colo por seu noivo. No entanto, é grande a probabilidade de que, caso já tenha estado em um relacionamento duradouro, alguém já tenha feito essa observação. Você só precisa saber que o egoísmo é como um passageiro clandestino – esconde tantas atitudes e comportamentos que às vezes é necessário olhar com muita atenção para efetivamente vê-lo.

Por que Jenny não se casou

Veja minha amiga Jenny. Seu egoísmo aparece por meio de sua atitude *crítica.* Ela tem 35 anos, é muito bonita, meiga e está ansiosa para ter um bebê – mas seu quociente egocêntrico é acima da média. Não sei dizer quantas vezes eu a ouvi dizer em um tom um tanto impaciente: "Não sei se *quero* ficar com uma pessoa que __________ (preencha a lacuna)". Tenho vontade de dizer a ela: "Mas *todas* as pessoas preenchem a lacuna com *alguma coisa.* Até você!". *Ela* acha que deve ser deixada de fora disso, ou rejeitada como parceira por causa disso? Espero que não.

O egoísmo de Jenny também se manifesta pelo fato de ela *não ser realista.* Ela frequentemente fica brava com alguém por não estar fazendo o que ela quer. Jenny não se dá conta de que as pessoas não estão fazendo o que ela quer porque *são apenas pessoas* e têm suas próprias coisas para cuidar e problemas para resolver. Ela parece achar que todos deveriam estar cuidando das coisas *dela* e resolvendo os problemas *dela*. Fica claro que, em sua cabeça, as outras pessoas não são seres humanos muito autônomos, mas coadjuvantes em um filme estrelado por ela. Esse nível de egoísmo está tornando difícil sustentar um relacionamento.

Pegue, por exemplo, o cara com quem Jenny namorou ano passado. Ficaram três ou quatro meses juntos, e ele realmente gostava dela. Esse cara, Doug, era divorciado e tinha um filho, mas estava aberto a ter outros. Não era perfeito, mas ganhava bem, tinha casa própria e boa aparência. O namoro não era muito atribulado, ou seja, não havia nada de errado – o que pode ser um bom começo. Tinham boas conversas, o sexo era mais-do-que-satisfatório e ele queria passar à próxima etapa do relacionamento. Mas Jenny não conseguia parar de criticar Doug – ela não gostava *muito* do modo como ele se vestia, falava, decorava a casa ou ganhava dinheiro.

Normalmente, eu diria a uma garota para prestar atenção em seus sentimentos, porque o corpo pode ser um grande barômetro do que está realmente acontecendo em um relacionamento (por exemplo, se seu corpo diz que um cara está sendo infiel, é provável que ele esteja). Mas, nesse caso, nada que Jenny dissesse indicava a presença de um empecilho real. Depois de vários meses de hesitação, ela finalmente acabou tudo.

Já se passou um ano. Recentemente, estávamos falando sobre homens e, enquanto Jenny recordava o relacionamento com Doug e os motivos para tê-lo dispensado, ela disse: "Bem, ele roía as unhas". Foi como se um alarme disparasse em minha cabeça: *é por isso que ela não é casada.*

O negócio é o seguinte: você pode terminar o relacionamento com um homem por vários motivos, *mas roer as unhas não é um deles.* E apesar de ser quase certo que existam outros motivos além das unhas irregulares para Jenny ter abandonado o navio, o simples fato de ela ter mencionado isso é indicativo de um tipo de pensamento crítico e cruel em relação aos homens, tão egocêntrico que chega a ser chocante. É insignificante e, quando se rompe relacionamentos por coisas insignificantes, acaba-se sozinha. Porque não importa com qual homem ela esteja – vai encontrar algo errado nele. Pode ter certeza.

Observações da minha vida como mãe de um bebê homem

Tive um longo caso de amor com o egoísmo. Durou cerca de dez anos, mais ou menos do fim de minha infância podre até os meus trinta anos, vivendo em Nova York, sem conseguir arrumar um namorado. O que me obrigou a começar a dar uma boa olhada em mim mesma.

Até aquele período de seca (ok, estava mais para *eternidade* de seca), eu havia tido uma série de homens resignados que haviam corajosamente me aguentado. Na época, achava engraçadinho não ser comportada (eu realmente achava isso), mas, quando olho para trás, percebo que aqueles caras tinham a paciência da Madre Teresa. Ou talvez fosse a codependência da Madre Teresa. De qualquer forma, comigo como namorada (ou esposa) eles ficariam só na parte do "dar" na relação *dar-e-receber*.

Pois não há momento em que meu egoísmo se destaque mais do que em minha relação com os homens. Eu agia como se os homens existissem para suprir minhas necessidades. Queria que um cara dedicasse a mim tempo, atenção, sexo, conversas, tempo, atenção, sexo, conversas, e mais tempo... nessa ordem.

Não queria um namorado de verdade. Queria um refém que também segurasse meu guarda-chuva. E nem me dava conta disso. Se alguém me perguntasse, eu teria dito que era uma ótima – quero dizer, *ótima* – namorada. É claro que eu achava isso. Eu estava me achando.

Então o universo me pregou uma grande peça – me deu um *bebê*. E não apenas um bebê, mas um menino. Um *bebê homem*! O quê? Mal sabia eu que estava prestes a ir para a Escola dos Homens, com especialização em Estudos Masculinos e Como Pensar em Alguém Além de Mim Mesma.

Em resumo, minha vida começou a girar em torno de coisas que eu não queria muito fazer (alimentar alguém), em momentos nos quais eu não queria nem um pouco fazê-lo (no meio da noite). Também precisei carregar coisas pesadas ao mesmo tempo em que carregava algo que se mexia, assim como estar à disposição de alguém 24 horas por dia. *E* limpar vômito.

O mais chocante é que encarei o desafio. Foi como se eu estivesse vivendo dentro de meu próprio filme, ao som de alguma música divertida de rock acústico tocada na rádio via satélite. Lá estou eu, preparando papinha caseira. E abrindo com uma mão só um carrinho de bebê tão complicado que deve ter suas origens no programa espacial. E daí se estou pegando uma chupeta cheia de ácaros do meio das almofadas do sofá e enfiando na boca do meu bebê? A montagem termina comigo dizendo: "Que vômito?". Eu agora sou uma moça muito legal, que sabe como cuidar de alguém além de mim mesma.

Acredito piamente que é esse o motivo pelo qual muitas celebridades se casam depois de adotar um filho. As crianças servem como alerta às mulheres: *Acorda, minha filha! Você não é mais o centro do mundo!*

E depois de passar um ano ou dois pensando em alguém além de si mesma, de repente Brad Pitt ou Harrison Ford chega e decide ser seu companheiro.

Dentro de cada marido existe um bebê homem. E quando se aprende como amar aquele carinha, ganha-se o diploma da Escola dos Homens.

Algumas coisas relevantes sobre os homens

À medida que meu filho continuou a crescer, eu me dei conta de que ele era a versão unicelular dos caras que eu havia encontrado nos anos em que naveguei pelo Mar dos Homens. Que epifania! De repente, vi que a maioria dos comportamentos que eu apresentava, do ponto de vista do egocentrismo – como: "Por que ele não está falando comigo, não está me ligando, pensando em mim, nem fazendo o que eu quero?" –, não tinham mais nada a ver comigo! Consegue imaginar? Eu nunca havia pensado nisso.

Como um pênis

Chegou um momento na minha vida em que percebi que tratava os homens como um pênis trata as mulheres. Assim como a maioria do homens egoístas, eu dividia o sexo oposto em dois campos: (a) os que eu queria namorar e (b) os que eu não queria. Os que pertenciam ao segundo grupo eram invisíveis. Depois, quando tinha um namorado ou marido, ou (a) eles estavam fazendo o que eu queria ou (b) não estavam. Essencialmente, eu via os homens pelo prisma do meu *ego* – e sempre me achava superior, o que é a essência do chauvinismo. Eu os avaliava e atribuía valor com base no quanto funcionavam a meu favor. Como se não existissem por outro motivo.

Não estou dizendo que é isso o que você está fazendo com os homens. Ainda assim, esse ponto de vista – o de que o valor de um homem está relacionado ao que pode contribuir para a minha pessoa – estava tão entranhado em minha vida que eu não conseguia perceber. Sempre fui muito clara sobre como acho imbecil quando, digamos, um chefe quer uma secretária bonita. Mas nunca soube que eu tinha uma atitude parecida: os homens que me agradavam existiam, e os que não me agradavam não existiam.

Como mãe de um menino, agora vejo que há desafios significativos em crescer como homem. O sexismo existe dos dois lados – os homens *na verdade* não têm muitas vantagens em relação a nós, a menos que você ache que crescer em um mundo onde espera-se que você não tenha sentimentos, morra em guerras e tenha uma expectativa de vida média cinco anos mais curta seja uma coisa boa. Como mulher, eu gostaria de ver o que aconteceria se nos comprometêssemos a ser mais amorosas com os homens e menos antagonistas deles. E se começar comigo? Acredito de verdade que esse seja o próximo capítulo do feminismo. Baixar a espada e pegar o... sei lá, massageador de costas?

Além disso, eu nunca mudaria aqueles comportamentos. E eles nem precisariam ser mudados. Os homens, mesmo aqueles capazes de falar sobre seus sentimentos, têm um modo diferente de interagir com o mundo. Parte disso é fisiológico – o cérebro deles é diferente do nosso, assim como o sistema nervoso – e parte é psicológico, o que é outra forma de dizer que *eles são homens.*

No fim das contas, sou meio francesa. Que se danem os estudos de gênero, mas não acredito que seja tudo um constructo. Homens e mulheres não são iguais. Se você já observou um grupo de crianças brincando, sabe do que estou falando – em uma porcentagem esmagadora do tempo, meninos gostam de caminhões e meninas gostam de princesas. Mesmo quando os pais comem alimentos orgânicos. E eu finalmente consegui aceitar isso. *Vive la différence!*

O que me traz a uma grande conclusão: de maneira geral, os homens da minha vida não estavam me negando nada; *aquele era o jeito deles.* Estavam me dando o que tinham, quando tinham. E não me davam quando não tinham. Era raro (quase impossível) que eles tivessem algo que eu quisesse e simplesmente se recusassem a me dar. Eles não se recusavam. Na verdade, nada me deixou menos egoísta com os homens do que me comprometer com a ideia de que a maioria das pessoas (homens, mulheres, todo mundo) está fazendo o que pode em qualquer dado momento. Se não está fazendo, é porque *não pode*, e não porque não quer. Então posso parar de punir todo mundo por não conseguir corresponder à minha (predominantemente egoísta) lista de exigências.

Durante anos fui adepta da teoria de que a maioria das coisas que os homens faziam consistia em comportamentos adquiridos, e eu só precisava "ensiná-los" a parar com aquilo. Para ser sincera (e isso é constrangedor), eu nem pensava que seu jeito masculino de existir no mundo era válido. Achava que o jeito das mulheres – de conversar sobre as coisas, processar sentimentos, relacionar-se emocionalmente – era superior. E eu era muito pretensiosa em relação a isso também. Nunca me ocorreu que pedir que um homem conversasse comigo, droga, pudesse ser mais ou menos a mesma coisa que um homem pedir para uma mulher deixar de ser tão emotiva.

Existe até uma palavra para o que me faltava: respeito. Aprender a respeitar mudou o modo como me relacionava com os homens de uma forma muito simples: larguei do pé deles e comecei a vê-los pelo que eram. Devia ser óbvio que eu não seria capaz de sustentar um relacionamento saudável com alguém que eu nem ao menos respeitava, mas o egoísmo é isso – uma falta de respeito pelas outras pessoas. É como dizer: "Eu, meus pensamentos e meus sentimentos somos mais importantes do que você e os seus, então devemos vir em primeiro lugar". Ninguém quer se casar com alguém que encare o amor dessa forma, porque isso não é amor de verdade.

O que você terá que mudar

Você precisará ser *uma pessoa melhor*. Sabe aquelas pessoas que são naturalmente "boas" – prestativas, respeitosas, atenciosas, graciosas, educadas e gentis? Em outras palavras, extremamente irritantes para uma pessoa egoísta? Bem, você terá que ser assim. Só que para você isso não virá naturalmente. No entanto, há um atalho secreto que a levará em um passo de onde está agora para onde quer chegar – mais ou menos como o jogo das serpentes e escadas, mas sem precisar tirar seis no dado. E o atalho é: *pare de viver a vida por meio de seus sentimentos.*

Apenas pare.

Na maior parte do tempo, seus sentimentos não são o que você pensa. Não são bebês preciosos que precisam de alimento, proteção e cuidados. Você não precisa sair por aí com eles pendurados no peito em um canguru, com as perninhas balançando. Pode fazer isso uma vez por semana, durante cinquenta minutos, na terapia. E só. Porque seus sentimentos não são tudo isso que você imagina.

Na verdade, viver a vida por meio de seus sentimentos é uma forma infalível de confirmar que está pensando em si mesma *o tempo todo*. Que é *egoísta*. Sim, às vezes seus sentimentos são importantes – quando há uma morte na família, quando algo realmente considerável (bom ou ruim) acontece ou quando está sofrendo por um trauma de infância. Mas como eu disse: há hora e lugar para isso.

No resto do tempo, seus sentimentos não são mais importantes do que sair da cama de manhã, ir para o trabalho, perguntar sobre a família de alguém ou trocar o absorvente. E eles certamente não são mais importantes do que os sentimentos das outras pessoas. Se quiser ter uma vida feliz – e mais ainda, se quiser um relacionamento amoroso –, terá que deixar seus sentimentos no devido lugar.

Conheço uma ótima forma de desviar o foco de seus sentimentos: pare de prestar tanta atenção neles. Nos dias em que meus sentimentos não estão muito bem comportados, eu os trato como se fossem clientes mal-educados na fila de trocas de uma loja e eu fosse o atendente sitiado. Enquanto meus sentimentos exigem falar com o gerente, eu simplesmente permaneço calma e tento não piorar as coisas. “Sim, senhor”, digo a eles. “Estou vendo e ouvindo o senhor. Agora, por favor, sente-se e eu o atenderei assim que possível.” (Enfatizo o "assim que possível" para meus sentimentos perceberem que me importo com eles, só não estou preparada para interromper tudo e deixá-los furar a fila *a droga do dia inteiro.*)

Meus sentimentos *odeiam* isso! Eles começam a pular de um lado para o outro ao fundo, como adolescentes que passam atrás da tomada ao vivo em um noticiário de TV. Mas sua tomada ao vivo é um excelente relacionamento, e você não pode deixar seus sentimentos destruírem tudo. Um homem maduro não vai querer envolver-se profundamente com uma mulher egoísta que permite que seus sentimentos dominem o mundo. É muito cansativo! Nenhum homem com amor-próprio quer viver nesse tipo (evitável) de crise.

E, francamente, você quer?

Recursos espirituais que podem ajudá-la a mudar

A solução espiritual para o egoísmo é a *dedicação.* A dedicação é a base de um casamento. É. Foi o que eu disse: *dedicação.* Quero que se dedique a seu marido – e, por sinal, a todos à sua volta. Você será uma pessoa muito mais feliz. Não estou sugerindo que se transforme em um tipo de criada ou gueixa. Estou dizendo que precisa se acostumar com a ideia de que amar alguém significa dar alguma coisa, não recebê-la (isso vale tanto para homens quanto para mulheres). E o que você vai dar é *amor.* Mesmo quando alguém não "merece".

É um dos grandes paradoxos o fato de todos quererem ser amados incondicionalmente, mas ninguém querer ser uma pessoa melhor do que é atualmente. Por isso existem tantos problemas no mundo dos relacionamentos! Todos querem permanecer iguais enquanto a outra pessoa muda. Se quiser ser uma mulher racional pronta para amar um homem de verdade, *terá que ser a primeira a mudar.*

E você pode começar bem aqui, em sua vida normal. Por exemplo, da próxima vez que estiver no carro, deixe o motorista que quer mudar de pista entrar na sua frente. Sorria, acene e seja gentil. Sinta-se magnânima. Observe como odeia esse sentimento. É por isso que deve começar com estranhos – porque, no início, ser superior incomoda. Ninguém diz que ser magnânimo é doloroso. Principalmente quando está fazendo isso por seu companheiro: parece que alguém tem poder sobre você e uma parte sua quer realmente matá-lo.

É como tentar enfiar seus pés tamanho 37 em um lindo par de sapatos número 35. Pense assim: se alguém dissesse que você precisa usar esses sapatos na noite do Oscar, você estaria disposta a fazer isso, mesmo sendo doloroso. Certo? No entanto, esses sapatos são especiais, e quanto mais você os usa – ou seja, quanto mais tenta melhorar como pessoa (não importa se ele tenta melhorar – estamos falando de *você*) –, mais os sapatos esticam como mágica para acomodar o seu ser superior. E se você usar tanto os sapatos a ponto de desgastá-los, provavelmente encontrará seu homem crescendo como num passe de mágica no espaço que você também está criando.

Como benefício extra, isso vai prepará-la para a maternidade, o que, como mencionei anteriormente, não passa de um grande congestionamento de carros em que seu filho sempre pode entrar na sua frente. Chega um momento em que você pode ter a preferência, mas vai se sentir muito culpada por isso. Ou terá que pagar uma fortuna a uma babá para ter esse privilégio.

Novamente, tudo isso é uma prática espiritual. O casamento e a maternidade serão *repletos* de momentos de que você não gosta. E como *você* será nesses momentos? Imatura, explosiva, apavorada, magoada, vítima?

Ou graciosa, amorosa, bem-humorada e uma bênção para as pessoas que a cercam? Porque essas qualidades estão no centro da dedicação. E se você está preocupada em fazer todo esse trabalho sem ninguém para ver ou apreciar, não se preocupe. Você não precisa de reconhecimento por nada disso. É praticamente certo que conseguirá a única coisa de que precisa. *Não há* como não conseguir.

Você conseguirá ser uma pessoa melhor.

O que sua vizinha sabe, mas nem sonharia em lhe contar

Vamos relembrar o Capítulo 5:

- ***Você é egoísta.*** Está sempre pensando em si mesma, e isso não é nada atraente. Seu egoísmo está escondido em vários tipos de comportamento. Descubra-os e elimine-os.
- ***Pense em dar, não em receber.*** Quanto antes se der conta disso, mais cedo poderá mandar para o inferno toda a instituicão do casamento (estou brincando). Mas, sério, lembre-se: os homens não existem por sua causa. Pare de agir como se devesse ser assim.
- ***Seja uma pessoa melhor.*** Pare de prestar tanta atenção a seus sentimentos. Eles podem não estar agindo a seu favor, talvez porque queiram você todinha para eles.
- ***Pratique a dedicação.*** Não aja como mártir, mas tente ver como pode ajudar em determinada situação. Principalmente em seus relacionamentos. Você será muito mais feliz

6. Você é caótica

Ou você precisa organizar sua vida

1. Você parece ser atraída por – ou atrair – caras muito problemáticos?
2. Você esconde certos comportamentos até mesmo de sua melhor amiga?
3. Olhando para sua vida *neste exato momento*, você diria que está pronta pra cuidar de um homem e/ou de uma criança?

AQUI VAI ALGO A SE PENSAR. Imagine que o homem de seus sonhos esteve observando você por um circuito interno de televisão nas últimas 36 horas. Sem que você soubesse, havia câmeras em todos os cômodos de sua casa, gravando tudo o que você fez, e agora o cara por quem você esteve esperando todos esses anos está assistindo. Até o último segundo gravado.

O que ele está vendo?

Seu quarto bagunçado? Sua farra de sorvete secreta? Sexo casual?

Quando ele terminar de assistir, vai pegar cópias das faturas de seu cartão de crédito, registros médicos, histórico no Detran e o recibo de suas últimas compras no supermercado. Ele vai saber tudo sobre você: quanto ganha, avaliações de trabalho, restituição de imposto de renda e o que tem na sua despensa. Pode não ler seu diário, mas nem seria preciso, porque estará com você o tempo todo.

Isso a assusta? Porque, em essência, o casamento será assim. Quem se tornar seu marido verá a espinha gigante em seu rosto, ficará ciente de sua candidíase e escutará seus vômitos quando estiver doente. E essas são apenas as coisas que todo mundo tem. E as coisas que você faz e não são nem normais? Outra pessoa terá acesso total às atividades e aos detalhes mais íntimos de sua vida. Você pode não adorar, mas é possível lidar com isso.

A menos que você seja caótica.

Ser caótica é exatamente o que parece: bagunça. Caos não é uma coisa que alguém deseje em um colega de quarto ou de trabalho, e muito menos em uma esposa. Ter alguém caótico ao lado durante a vida é como estar em um filme de faroeste no qual a Jennifer Jason Leigh de *Mulher solteira procura* – ou a Reese Witherspoon daquele filme da advogada que se veste de rosa – acaba indo parar na sua carroça coberta, e agora você está tentando atravessar as Montanhas Rochosas na companhia de uma delas. Em outras palavras, *se você é caótica, você é um estorvo.*

A verdade por trás disso

Ser caótica é ter *problemas*. Se está acontecendo algo que você não deixaria – ou não poderia deixar – o homem de seus sonhos ver, pode estar certa de que está contribuindo, pelo menos em parte, para sua solteirice. Estou falando de fatores comportamentais, emocionais ou psicológicos sérios o bastante a ponto de atrapalhar as chances de você se casar. Talvez você beba uma garrafa inteira de vinho toda noite (deixar dois dedos na garrafa não conta), coma muito ou esteja devendo até as calças no cartão de crédito. Talvez tenha uma relação de merda com sua mãe, um probleminha de obsessão por limpeza ou um estranho segredinho sexual. Algo desse tipo.

Não que você precise ser perfeita. Não é por aí. Todo mundo tem seus defeitos. Mas alguns defeitos são mais complicados do que outros. Fumar um cigarro por dia escondida provavelmente não vai acabar com um relacionamento. Fumar crack escondida vai. Um fim de semana de jogatina em Las Vegas de vez quando não é problema, mas furtar lojas de vez em quando é. Tudo depende do que está se passando com você.

Tem um jeito fácil de saber se algo está afetando sua capacidade de estar em um relacionamento: basta determinar se *você deseja manter algum comportamento em segredo*. Entrar em um relacionamento sério, do tipo que acaba em casamento, exige que você se revele. Se tem algo a esconder, não estará disposta a entrar nessa. Só que, em vez de admitir, muitas garotas preferem continuar escolhendo homens que não se comprometam, homens com quem não querem se casar ou que são mais problemáticos do que elas.

Não que você tivesse consciência disso, necessariamente. É como se de vez em quando, no momento em que menos espera, você se pegasse pensando que, quando finalmente parar de ________ (preencha a lacuna) ou de ter problemas com __________ (preencha a lacuna), talvez finalmente encontre O Cara.

Esses pensamentos não surgem de repente bem na nossa cara. São como um vislumbre rápido de seu professor do quarto ano enquanto desce a rua em uma cidade estranha. Você se pergunta: "Espere, eu vi isso mesmo?". E você mesma responde: "Nãããão. Não deve ser ele".

Pensamentos assim se escondem porque nenhuma parte de sua mente quer acreditar de verdade que o que você está fazendo tem efeitos de longo alcance em sua vida. Mas posso garantir que, se você quiser mesmo manter alguma coisa em segredo, ou se já lhe ocorreu que seu homem pode não aparecer até você resolver alguma questão em particular, seja lá o que você estiver fazendo, está afetando sua vida amorosa.

A outra grande pista é já ter pensado: "Eu deveria diminuir __________ (preencha a lacuna)". Como sempre digo, ninguém nunca quer diminuir a quantidade de brócolis, nem tentar comê-los só nos fins de semana. As pessoas querem controlar o uso de coisas que, em alguma medida, são um problema. Então, se você está tentando controlar algum comportamento, precisa prestar mais atenção nele.

Talvez você diga a si mesma que só está se comportando dessa forma até seu homem aparecer. Pode até achar que ele, quando surgir, impedirá que você se comporte assim (boa sorte com *isso*). O que não percebe é que qualquer homem que queira você enquanto seu problema ainda estiver com força total tem seus próprio problemas (provavelmente interligados aos seus).

Isso é verdade mesmo se ele não estiver explicitamente ciente das suas questões. Pessoas são animais – nós temos todo tipo de capacidade intuitiva em ação, acrescentando todo tipo de informações sobre os outros. Acredito que, em certo nível, percebemos *tudo* sobre *qualquer pessoa*. É assim que sabemos se estamos atraídos por alguém. Nossa mente faz um trilhão de pequenos cálculos a respeito daquilo que vê nos olhos dele, nos gestos, além do que conseguimos captar pelos pelinhos em nossos braços. Em um instante, decidimos se gostamos dele e depois ficamos surpresas quando descobrimos que ele é fã de Bon Jovi, tem problemas de agressividade e deve muito dinheiro à Receita Federal – igualzinho ao último cara.

Como mencionei, quando um cara forma conosco um par perfeito, é possível ter certeza absoluta de que alguma parte de nós está cantando um dueto com alguma parte dele. E provavelmente não será no nível da consciência:

> *Ela*: Ai, meu deus, você gosta de roxo? Eu também gosto de roxo!
> *Ele*: Legal. Vamos começar um relacionamento intenso.

Não. As coisas que atraem e unem as pessoas a você (e você às pessoas) têm muito mais a ver com o que é *inconsciente* e *incurado* do que com o que é consciente e não representa problema algum. Os aspectos de sua vida que você cuidadosamente deixa à margem da consciência são como a lua influenciando as marés – exercem uma forte atração sobre seus relacionamentos.

É claro que o grande problema é: se você tem algo a esconder, pode *achar* que quer conhecer o Sr. Para Sempre, mas inconscientemente tem um objetivo muito mais imediato – *garantir que ninguém se aproxime o bastante para descobrir o que você está escondendo.* Pois isso significaria ter que *parar* de fazer o que quer que esteja fazendo, não é? E se você quisesse parar, por que já não teria parado?

Observações da minha vida como adoradora de vinho e maconheira

Nos dez anos entre o fim de meu primeiro casamento e o começo do segundo – dos 22 aos 32 anos –, eu terminei a faculdade em Salt Lake City; mudei-me para Portland, Oregon; comecei uma carreira em telejornalismo; conheci, me apaixonei e fui morar junto com três namorados e me separei deles; passei meio ano viajando pela América Central; e mudei-me para Nova York.

Ao longo do caminho, adquiri alguns hábitos *bem* ruins. Tão ruins que, quando já morava em Nova York há três anos, eu era praticamente *inamorável*. Bebia demais e fumava muita maconha. A parte emocional também não ia nada bem – sou capaz de lembrar de pelo menos duas amigas que se cansaram tanto de meus telefonemas chorosos que começaram a deixar todas as minhas ligações caírem no correio de voz.

Existe um gene de estabilidade conjugal nos homens?

Pesquisadores do Instituto Karolinska, em Estocolmo, fizeram a mais de 550 irmãos gêmeos e seus parceiros uma série de perguntas relacionadas a felicidade conjugal, depois recolheram amostras da saliva dos homens para exame de DNA. O que descobriram foi realmente intrigante: quanto mais cópias os homens apresentavam de determinada variante de um gene (conhecido como alelo 334), mais fracos eram seus laços com a parceira.

A comparação entre homens com duas cópias da variante do gene e homens que não as apresentavam revelou algo muito interessante: os homens com a variante mostraram uma tendência duas vezes maior a terem passado por uma reviravolta significativa no relacionamento no ano anterior. Igualmente interessante foi o que o estudo mostrou a respeito das esposas desses indivíduos, que – comparadas às esposas de homens do grupo de controle – relataram menos satisfação no casamento.

O estudo também descobriu que homens com duas cópias da variante apresentavam o dobro de probabilidade de *não* se casar com suas parceiras e mães de seus filhos em relação aos que não apresentavam cópias da variante.

Se está se perguntando se é possível submeter um homem a esse teste, a resposta é sim. Testes de saliva para o alelo 334 estão disponível na internet. Mas acho que você não precisa de um teste para saber se está namorando um cara com duas cópias do alelo. Basta ver o quanto está feliz ao lado dele!

Eu pensei que estivesse disfarçando. De longe, podia até parecer bem como uma garota padrão, bem-sucedida no trabalho, de personalidade vibrante, emprego interessante e um amplo círculo social. Mas, aos olhares treinados, ficava óbvio que minha ambição parecia compulsão por trabalho, meus "amigos" não passavam de companheiros de bebedeira e minha personalidade vibrante era um tanto quanto maníaca. Mas eu não sabia disso. Achava que estava me divertindo.

Só que não estava.

Perto do meu aniversário de 29 anos, comecei a me dar conta de que parecia que eu não conseguiria atrair mais nenhum tipo de relacionamento. Como assim? Eu havia me mudado para Nova York com meu namorado de Portland (que tomara o bastão do namorado de Salt Lake City com quem eu me mudara para Portland e que tomara o bastão do namorado de Minneapolis, com quem eu me casara e me mudara para Salt Lake... já deu pra entender), mas desde que o namorado de Portland e eu terminamos (por opção minha) não havia aparecido mais ninguém. *Nada.* Claro, alguns caras tinham oferecido noites de sexo, mas ninguém quis namorar comigo, morar comigo, com o futuro objetivo de se casar comigo, como eu estava acostumada. O bastão estava jogado, imprestável, em alguma sarjeta por aí.

Depois de três anos sem um relacionamento, eu estava *solitária*. E um caos.

E eu achava que isso tinha a ver com a santíssima trindade: trabalho, álcool e maconha? Nem um pouco. Na verdade, se me perguntassem (e algumas pessoas *perguntaram*), eu diria que meus baseados e meus coquetéis não estavam me atrapalhando. Estavam tornando minha vida suportável até passar ao próximo estágio.

Mas, de vez em quando, voltava à tona essa ideia de que para começar um relacionamento eu precisaria parar de fazer o que estava fazendo. É desnecessário dizer que não era uma ideia que me agradava. Então tentei não prestar muita atenção a ela. Meus amigos Birita e Bagulho faziam algo por mim que eu achava que ninguém mais podia fazer – eles me faziam sentir segura. E quando eu pensava em deixar um carinha de Nova York – todo ligeiro, tenso e perigoso – entrar em meu mundo, sabia que não conseguiria segurar o tranco sem meus pequenos mecanismos de apoio.

Então decidi que uma hora eu deixaria aquilo, mas não naquele momento. Resumindo, mudei-me para Los Angeles e seis semanas depois parei de beber. Em um ano estava grávida e noiva (nessa ordem) de um cara superlegal. Posso não estar mais casada com ele (a maior parte da culpa é minha – ele é um cara muito bacana), mas posso dizer sem sombra de dúvida que ele é o melhor pai de bebê que uma garota com problemas poderia querer. E tudo começou quando larguei meus péssimos hábitos.

Por que Kaley não se casou

Kaley é um exemplo perfeito de garota que está solteira por causa de seus problemas. Aos 35 anos, ela se sente preparada para passar ao próximo estágio do relacionamento, mas suas chances diminuem – não, praticamente ficam *extintas* – no momento em que um homem coloca os pés em sua casa. Por quê? O apartamento dela é um *desastre*. Tem louça empilhada na pia, trinta centímetros de roupas no chão do quarto e os lençóis não são lavados só deus sabe há quanto tempo. Parece quarto de universitário. Universitário do sexo masculino.

Kaley é, literalmente, um caos.

Parece um problema simples – é só fazer uma limpeza, não é? Mas na verdade o relaxamento de Kaley é igual a pegar herpes por ter um sistema imunológico fraco – a herpes parece ser o problema, mas por trás há uma questão muito mais grave que *não se pode ver*. No caso de Kaley, essa questão é uma dívida enorme. Kaley deve pelo menos 57 mil dólares em seis cartões de crédito diferentes, e isso está consumindo sua vida. Por fora, ela parece perfeita, unhas feitas, cabelos bem cuidados, roupas de marca – mas nada disso está pago. Ela passa os dias se esquivando de telefonemas de credores e tentando esconder a situacão até mesmo dos amigos mais próximos. Fica doente de preocupação à noite, imaginando quando conseguirá se livrar da dívida se só tem seu salário de corretora imobiliária.

Enquanto isso, Kaley só vai namorar caras que achar que são ricos o bastante para se livrar do problema em um piscar de olhos – outra estratégia que não está funcionando. Porque mesmo que ela conseguisse encontrar um homem assim, primeiro teria que ser sincera a respeito do que está acontecendo, e ela não tem conseguido fazer isso. Então continua se afogando nas dívidas e, à medida que os juros aumentam, o mesmo acontece com suas preocupações. A coisa chegou num ponto em que Kaley parou de sair com homens de vez porque, quando contou a um cara o tamanho de sua dívida esmagadora há alguns meses, ele terminou com ela. Ele gostava dela, mas simplesmente não estava disposto a assumir aquele tipo de risco financeiro. E por que estaria? Um relacionamento já é difícil o bastante sem começar no vermelho.

Isso não significa que você nunca conseguirá se casar se tiver um crédito educativo ou uma hipoteca para pagar. O importante é saber se as dívidas estão sob controle e são razoáveis (por exemplo, para um crédito educativo), o que com certeza não se aplica ao caso de Kaley.

Algumas coisas relevantes sobre os homens

Como disse antes, um homem pronto para se comprometer está procurando alguém que não seja apenas sua companheira, mas também a mãe de seus filhos. Espere, vou dizer novamente – em itálico: *a mãe de seus filhos.* Isso significa que ele quer que você seja tudo que a própria mãe dele foi, mas melhor. Sem as coisas que ela fazia e impediam que ele satisfizesse suas necessidades (coisas que com certeza ele reprimiu totalmente).

Homens são como gatos

Minha amiga Sara conta uma história incrível sobre o dia de seu casamento. Ela estava prestes a seguir em direção ao altar com a mãe *e* o pai quando sua mãe, Eileen, uma loira cheia de vida, casada com o pai de Sara há 42 anos, aproximou-se e sussurrou no ouvido da filha:

– Agora vou revelar qual é o segredo de um ótimo casamento – disse ela.

É claro que Sara foi toda ouvidos.

– E qual é? – perguntou.

A marcha nupcial já estava prestes a começar. Houve uma longa pausa antes de Eileen falar. Então, ela respirou fundo:

– O ego masculino não pode ser reparado – revelou Eileen.

Sara não acreditava no que estava ouvindo.

– É isso? *O ego masculino não pode ser reparado.* Esse é o segredo de um ótimo casamento?

– Sim, é esse – respondeu Eileen, sem sinal algum de ironia e claramente ainda se considerando a mais feminista de todas.

Uau.

Sei que muitas de vocês podem estar pensando que essa foi uma coisa muito estúpida para se dizer. À primeira vista, pode parecer que Eileen acha que os homens são mais importantes do que as mulheres. Ou que as mulheres precisam se "diminuir" para não intimidarem seus homens. Ou que Eileen é muito antiquada. Mas permitam que eu discorde.

O que acho que Eileen está dizendo é que um marido é menos parecido com uma lagartixa, cujo rabo cresce novamente se for cortado, e mais parecido com um gato, que pode viver sem rabo, mas não consegue pular, se equilibrar e subir na mais alta das árvores.

Você quer ser o tipo de mulher que incentiva o marido a subir na mais alta das árvores.

E não pode fazer isso se for uma pessoa caótica.

Quando um cara vê como você se cuida (ou não se cuida), ele sabe se está pronta (ou não) para a responsabilidade de cuidar de uma família. Mesmo que apenas inconscientemente. E mesmo que, a princípio, essa família tenha só duas pessoas – você e ele. Você precisa se perguntar se o que um cara veria observando-a em uma gravação de circuito fechado de TV faria com que acreditasse que teria uma boa vida ao seu lado e, principalmente, se você seria capaz de corresponder às necessidades físicas e psicológicas que ele tem no momento.

De certo modo, tudo se resume a isso. Somos mais importantes para os homens do ponto de vista dos cuidados do que eles são para nós. Quando nós, mulheres, queremos ser assistidas emocionalmente, podemos escolher entre meia dúzia de pessoas: nossa melhor amiga, nossas irmãs, nossa segunda melhor amiga e, se necessário, nossa ex-melhor amiga. Os homens frequentemente só têm a nós. Eles não se expõem em conversas íntimas com os caras do trabalho. Então, se temos algum problema sério atrapalhando nossa capacidade de estarmos disponíveis emocional, física ou espiritualmente, eles sabem que vão sofrer. "Sofrer" é uma palavra forte, mas bem no fundo não estou exagerando nem um pouco. Nenhum homem estará disposto a entrar nessa.

O que você terá que mudar

Não adianta tentar amenizar dessa vez. Para mudar, *você terá que fazer justamente o que não quer*. E você já sabe o que é – é *o* seu problema –, e o está evitando como louca. Em alguma medida, você até mesmo sabe que ele está impedindo que encontre um par. Ou pelo menos suspeita. Mas realmente não quer admitir. Porque admitir significa ter que lidar com o problema, e você não se acha capaz disso, ou simplesmente não quer.

Essa é uma lista parcial de candidatos para o que você não quer fazer: parar de beber, perder peso, arrumar um emprego, sair de seu emprego atual, terminar um relacionamento, declarar falência, perdoar seu pai (ou o pai de seu filho, ou sua mãe, ou seu irmão), largar a maconha, parar de assistir a tanta TV, começar a tomar remédios, parar de tomar remédios, desistir dos comprimidos para dormir, tratar seu distúrbio alimentar, parar de agir como megera, ir mais a fundo com os homens, parar de fazer sexo casual e todas as outras coisas mencionadas neste livro.

Como eu disse, é apenas uma lista parcial. Você sabe qual é o seu problema, se tiver um.

Quando estiver pronta para fazer justamente o que não quer, trate de cuidar da questão. Faça tudo o que as pessoas fazem quando têm um problema como o seu: leia tudo o que puder (fique atenta às semelhanças, e não às diferenças; você quer *identificar* seu problema, não decidir que não tem nenhum), volte à terapia que havia abandonado (especialmente terapia em grupo, assim pode ver como são as pessoas que tentam permanecer em negação), participe de um programa de doze passos, vá ao médico, cancele a TV a cabo, faça acupuntura, ou ligue para um serviço de aconselhamento de crédito.

Só não espere que sua vida melhore imediatamente. Segundo o ditado, quando uma pessoa desiste de alguma coisa que não era tão importante, a vida melhora. Mas quando desiste de algo importante, como um vício ou um comportamento compulsivo, a vida fica pior a princípio. Isso acontece porque coisas importantes são estruturais – ninguém se dá conta, mas elas podem se transformar nas paredes, no piso e no telhado de sua vida sem o seu conhecimento.

Uma coisa que ter um problema desses faz com você é deixar que imagine que, se pudesse se livrar dele, sua vida seria perfeita. Mas muitas vezes, quando começa a tratar de um problema grande, você descobre que ele está mascarando vários subproblemas – mais ou menos como um crédito consolidado da vida, em que todas as questões menos sérias acumulam-se em uma questão maior.

Por exemplo, você tem um problema de compulsão alimentar que resultou em um grande aumento de peso. Sabe que o peso extra está complicando seu panorama amoroso, então resolve parar de comer alimentos em que era viciada. Mas assim que para de comer açúcar refinado, farinha branca e junk food, percebe o motivo que a levava a comer aquilo – atenuava a dor de estar solitária, ajudava a controlar suas mudanças de humor e refreava o desejo de fazer compras o tempo todo. Sem a comida, você se depara com uma conta bancária defasada e um guarda-roupa repleto de coisas que pretende usar quando perder o peso que falta. E *isso* causa uma dor com a qual você lida bebendo muito. E assim por diante.

Não se desespere – isso não é nada incomum. Sua vida é um ecossistema. Se mudar uma parte, principalmente uma parte importante, haverá um efeito no todo.

Você se sentirá tentada a desistir, a voltar a ser como antes. Pelo menos aquilo parecia funcionar. Mas eu juro – *juro* – que, se persistir no processo que iniciou para fazer justamente o que não quer fazer, sua vida vai melhorar.

E quando duvidar disso só precisa se perguntar: se o antigo comportamento não funcionou nos últimos 35 anos de sua vida, por que funcionaria nos próximos 35?

Recursos espirituais que podem ajudá-la a mudar

A ideia espiritual de que estamos falando aqui é o *desapego*. O ato de *desapegar-se* tem um papel muito importante no mundo da Nova Era, mas o que isso significa? Pode parecer a mesma coisa que desistir, mas não é. É mais como, por exemplo, ter nas mãos uma coisa, um pássaro ou uma borboleta, e abrir a mão. Se o pássaro quiser voar, agora ele poderá. E se não quiser, não voará. Desapegar-se é o processo de *confiar* que, se algo não faz bem para você, ficará melhor sem ele. Então deixe-o ir.

Desapegar-se de uma coisa – principalmente se for aquele seu *problema* – é muito difícil. Eu sei porque passei por isso. Mas deixe-me dar-lhe um pouco de estímulo: *vale a pena!* A parte mais difícil está em sua cabeça. Sua cabeça diz que não pode viver sem isso-e-aquilo. Você sabe, é claro, que pode. Mas não passa de uma teoria até você começar a agir.

Por exemplo, eu parei de fumar dezenas de vezes até conseguir. Em parte foi porque eu me permitia fumar "só um". É claro que, em 72 horas, "só um" virava um maço por dia. Mas eu tive que tentar parar várias vezes até *entender* isso. Então minha mente veio com mais um plano inteligente – o novo pensamento que teria antes de riscar o fósforo seria *eu paro de novo amanhã*. Mas, obviamente, eu não parava por semanas ou meses. Tive que parar outras sete vezes para superar aquela mentira. Finalmente, fiquei com o saco tão cheio de fumar, e estava tão *preparada* para acabar com aquilo, que parei de vez. E quando minha mente começava a me contar histórias sobre fumar só um, ou parar de novo no dia seguinte, eu rebatia com o que já *sabia*: se eu nunca mais pegasse um cigarro, colocasse na boca e acendesse, nunca mais teria que parar de fumar.

Até que enfim, parei. E o que descobri foi que o cigarro estava possibilitando que eu não sentisse o desconforto de estar *empacada*. Quando parei de sair à rua a cada dez minutos, vinte vezes por dia, não só fiquei com uma porrada de tempo sobrando, mas descobri que não estava satisfeita com um monte de porcarias em minha vida, como meu emprego, meu namorado e minha falta de criatividade. Mas se tivesse escutado o que minha mente tinha a dizer – que eu não poderia viver sem meus cigarrinhos –, nunca teria tomado consciência disso. E também nunca teria mudado.

Desistir do cigarro (uma das *muitas* coisas de que tive que desistir no decorrer dos anos – incluindo homens atraentes, porém toscos!) me deu uma grande lição de vida: seja qual for o seu problema, a resposta sempre envolverá desapego. De algo. A vida não passa de uma longa série de desapegos. Infância. Ter a cama arrumada pela mãe. Sua melhor amiga da escola. Sua primeira bicicleta. Seu primeiro namorado. Sua juventude.

E não só isso. Assim que se desapegar daquilo de que deve se desapegar em qualquer dado momento de sua vida, vai ter que se desapegar de mais alguma coisa. Então, não muito tempo depois, terá que se desapegar de *outra* coisa. E quando tiver se desapegado de todos os tipos de coisas, repetidas vezes, terá que se desapegar de uma última e importante coisa: sua vida.

Minha intenção não é deixar ninguém deprimido! Na verdade quero dizer que, em nível espiritual, toda a jornada da vida tem a ver com se desapegar de coisas – pessoas, lugares, ideias, opiniões e posições. Quanto mais você se desapega, mais livre se torna. E quanto mais livre ficar, mais harmoniosa (e confortável) será sua jornada ao longo da vida – pois não estará resistindo tanto.

Entender isso é parte importante de ser uma mulher madura em um relacionamento. Saber como se desapegar permite que você lide com ponderação e compaixão com discussões, decepções e mágoas. Uma vez cultivada a consciência do todo – de que, em última instância, toda a sua vida tem a ver com o desapego –, passa a não ser mais um problema tão grande ter um marido teimoso, arrogante, que viva em negação ou qualquer coisa considerada humana.

Vendo de outro prisma, o que estamos chamando de seus "problemas", na verdade, são apenas tentativas de proteger você da grande e inegável verdade da vida: quando chegar o fim, ninguém vai levar *nada* daqui. Qual maneira de se preservar da dor de perder alguma coisa é melhor do que simplesmente não ter essa coisa? Droga! Shakespeare fez essa pergunta há algumas centenas de anos: *mais vale amar e perder do que nunca ter amado?*

No fundo, seus problemas a protegem da dor de amar e perder. Mas quando vê seus comportamentos pelo que eles são – estratégias definidas para evitar ter que ser realmente vulnerável a outro ser humano – e quando vê que ser vulnerável é inevitável, torna-se receptiva à ideia do desapego. Em essência, desapegar-se é expandir-se. É libertar-se.

Deixe a mudança acontecer. Deixe a vida acontecer.

O que sua irmã lhe diria se soubesse o que estava acontecendo

Vamos resumir o que vimos no Capítulo 6:

- ***Você é caótica.*** Você tem problemas e precisa resolvê-los para ser bem-sucedida na busca por um parceiro.
- ***Você está guardando um segredo.*** É assim que sabe que uma coisa representa um problema em sua vida. Ninguém esconde a quantidade de brócolis que come. Não que o mundo todo precise saber tudo sobre você, mas, se não quer que *sua irmã* saiba algo, provavelmente é algo com que não lida muito bem.
- ***Faça justamente aquilo que não quer.*** É provável que já saiba o que se passa e também o quanto isso está atrapalhando seu relacionamento. Desapegue-se. Pode doer, mas será apenas temporário. Ficar na mesma situação doerá para sempre.
- ***Essencialmente, a vida é feita de desapego.*** Seus problemas existem para tentar protegê-la do risco de amar alguém. Desapegar-se significa liberdade. Deixe rolar!

7. Você se odeia

Ou só se pode amar um homem na medida em que ama a si mesma

1. Há um comentário recorrente em sua cabeça que compara você – de forma favorável *ou* desfavorável – aos outros?
2. Você já sabotou coisas que queria muito – aparentemente contra sua vontade?
3. Quando as pessoas falam de amor-próprio, você fica se perguntando o que estão querendo dizer?

O AUTO-ÓDIO É DISCRETO. Ele não aparece usando um vestido longo e cintilante para posicionar-se em frente a uma grande orquestra e cantar sobre o quanto você não se ama. Não mesmo. O auto-ódio é um trapaceiro. Desliza por sua mente todo camuflado, como aqueles sapos muito espertos dos documentários sobre natureza que ficam *exatamente iguais* à arvore na qual estão. Você não vê o bichinho a menos que ele pisque e, mesmo assim, só se estiver olhando com *muuuuita* atenção.

Outro modo de pensar no auto-ódio é vê-lo como um vírus – digamos, o vírus da herpes. Você não tem ideia de que o tem até aparecer uma ferida horrenda e gigante em seu lábio. Sua única resposta é rezar para que suma logo. E, quando sumir, você muito convenientemente esquece que aquilo aconteceu... Até que um dia volta. Novamente você expressa surpresa porque, como eu disse, você não é uma *pessoa* que tem herpes – apesar de haver uma prova em seu rosto de que, obviamente, tem, sim.

Isso é auto-ódio.

O auto-ódio está ali, adormecido sob a superfície, circulando pela corrente sanguínea até subir à tona em alguma situação ferrada de sua vida. E então ele emerge em um arroubo de glória – ou seria em uma saraivada de balas? – dando as caras, na maioria das vezes, como um monólogo contínuo que é tão familiar que você quase nunca escuta.

O auto-ódio é aquela parte sua dizendo que sua vida nunca vai dar certo, que você nunca será feliz, que todas as outras pessoas têm o manual da vida, por isso sabem o que está acontecendo, mas você não tem, então não sabe. Porque obviamente é uma otária – e, por sinal, está gorda. Isto é, a menos que esteja dizendo como você é muito *melhor* do que todo mundo. Porque às vezes o auto-ódio projeta sua feiura sobre outras pessoas.

Quando o auto-ódio fala – e o auto-ódio fala mais do que aquela senhora sentada ao seu lado naquele voo interminável –, parece tão *real*. E mesmo quando não está falando ele está lá embaixo, invisível, exercendo sua influência nefasta em sua vida amorosa. Sem que você perceba. E até tratar dele, o problema definitivamente será responsável por mantê-la solteira.

A verdade por trás disso

Auto-ódio tem a ver com *não ser bom o bastante.* Não que você *realmente* não seja boa o bastante. É que sua parte que se odeia quer que acredite que não é e tem meios muito ardilosos de convencê-la. E por que desejaria isso? Bem, é complicado. A psicologia tem umas explicações muito boas envolvendo pai ou mãe internalizados ou alguma reencenação de traumas de infância, mas, sério, você só quer seguir com a vida, e uma teoria psicológica pode ajudá-la nisso?

O que vai ajudá-la nesse minuto é entender que o auto-ódio é perspicaz. Você geralmente anda por aí pensando que é absolutamente digna e merecedora de tudo o que quer – só não consegue imaginar como essas coisas que merece nunca se materializam como acontece com, digamos, Gwyneth.

Mas é ainda mais desconcertante do que isso, porque o auto-ódio frequentemente vem à tona quando *o que você quer está bem ao seu alcance.* Você começa a namorar um cara legal, perde sete daqueles dez quilos a mais, é a primeira da fila para uma promoção no trabalho – e de repente tem esse zumbido baixo de negatividade. Você tem certeza de que essa coisa que está tão perto de conseguir, para a qual pensou que estava tão preparada, vai desaparecer. O auto-ódio começa com a sabotagem. Você se vê sendo irracionalmente ciumenta bem na frente do novo namorado, comendo batata frita três dias seguidos ou chegando atrasada no trabalho *de novo* e esperando que ninguém perceba. Sabe que fazer essas coisas é ruim, e queria não estar fazendo nada disso, mas lá está você, fazendo mesmo assim.

O auto-ódio é *destruidor.* Um grande N-Ã-O a tudo o que você quer.

O auto-ódio também é multiforme. E uma de suas formas preferidas de se apresentar é por meio da ideia de que *nada é bom o bastante para você.* Isso acontece quando você rejeita pessoas e coisas que *poderiam* fazê-la realmente feliz e opta por pessoas e coisas que vão satisfazer o auto-ódio. Por exemplo, você decide ficar desempregada e esperar pelo trabalho dos sonhos em vez de aceitar um emprego decente-porém-sem-nenhuma-ligação-aparente-com-a-área-que-você-quer-seguir que permitirá que sustente seu filho. Ou decide não ir ao aniversário de uma amiga para sair com um cara comprometido, mas que gosta de pular a cerca com você. Ou fica tentando marcar um café com aquela garota superocupada que você quer transformar em sua melhor amiga – mesmo que ela nunca, jamais, esteja disponível. Depois, você acaba se sentindo mal.

O auto-ódio adora convencê-la a fazer esses tipos de escolha porque, no fim das contas, sabe que a conclusão – mais uma vez – será que você é uma idiota e nunca terá dinheiro o bastante, nunca será amada, nem terá grandes amigos. O principal modo de agir do auto-ódio é tentar dar um jeito para que você faça coisas que *comprovem o que ele pensa de você.* O resultado é que você acha que não é boa o suficiente e nunca vai ser. Assim, permanece onde está em vez de seguir adiante na vida. E talvez o principal motivo por estar onde está é nunca ter encontrado o relacionamento que você quer.

Por que Jasmine não se casou

Jasmine é uma garota muito legal. Tem boa aparência, é simpática, sorriso largo, coração grande e personalidade esfuziante – tem o necessário para ser uma esposa de arrasar. Mas primeiro ela precisa entender que é boa o bastante, porque no momento não está entendendo. Se alguém tentar dizer que Jasmine não se acha boa o suficiente, ela discordará com veemência. Dirá que se exercita três vezes por semana, só come alimentos orgânicos e é voluntária em um grupo que ajuda meninas adolescentes em situação de risco. Ela faz vários tipos de coisas boas para si mesma e acha que isso significa que não pode, de jeito algum, ser vítima do auto-ódio.

Catarina, a grande

Ok, eu não sei se Kate Middleton é grande ou não, mas, quando penso em garotas que demonstram ter amor-próprio, acho que ela deve ter um bocado. Por quê? Devido ao modo como conduziu seu romance com o príncipe William. À primeira vista, pode parecer que "Waity Katy", como era chamada pelos tabloides britânicos, é do tipo retraída. Eu digo: pelo contrário! Só uma menina com muita autoestima poderia ter feito as coisas como ela fez.

Afinal, até casais normais que namoram há muitos anos podem brigar sobre quando/se o homem vai se comprometer com o casamento. No caso de Kate, um país inteiro estava assistindo. Posso imaginá-la escrevendo uma carta para si mesma depois de uma grande briga com o príncipe a respeito do futuro e colocando-a em sua Caixa de Intenções.

Cara Kate,

Sei que você é incrível, mesmo que esse tal príncipe não perceba, e é digna de se tornar rainha mesmo que ele nunca a peça em casamento.

Então, relaxe – não precisa que ele prove a você seu próprio valor. Você já o conhece. O que significa que pode esperar o quanto for preciso, porque, se não for ele, será outra pessoa.
Com amor. Eu.
(a futura Catarina, duquesa de Cambridge)

Mas, de certa forma, o extenso período de corte foi mais como um estágio interminavelmente longo. Porque, quando se pensa nisso, na era dos *paparazzi*, o requisito *mais importante* para se tornar a futura rainha da Inglaterra – além de ter um útero disponível para a função – é manter os impulsos sob controle. E garotas que não se amam raramente controlam os impulsos. Durante dez longos anos, Kate teve que aguentar firme e gerenciar seus próprios sentimentos. Além da espera, ela teve que assistir a milhões de meninas se jogando no cetro do príncipe. Kate precisou conter-se. O que significa que precisou não transar impulsivamente com outra pessoa, não mostrar os peitos durante as férias de verão, não virar uma mesa em um restaurante por estar com raiva ou não mandar William se ferrar porque, bem, ele está ficando careca.

Isso *não* deve ter sido fácil. Uma garota que ama um cara mais do que ama a si mesma teria enlouquecido esperando todo esse tempo. Mas Kate conseguiu e, por esforço próprio, hoje ela é... duquesa. Ou seja, não sei bem o que ela tinha em mente. Para conseguir o que quer, para ser princesa, ou mesmo rainha, ela terá que esperar – talvez outros dez anos.

Mas Kate provou que é capaz.

Mas Jasmine – cujo pai é gerente de serviços de uma concessionária de veículos – não consegue parar de ir atrás do tipo de homem que eu chamo de Craque. É aquele cara formado em uma faculdade de prestígio, cujo pai é chefe de cirurgia em um importante hospital e a mãe frequenta o circuito da filantropia. A autoconfiança foi concedida a ele por uma escola aristocrática e pelo corpo que vem de uma vida inteira jogando lacrosse. Se o cara fosse uma empresa, seria a Apple, enquanto Jasmine está mais para a rede de restaurantes Applebee's. Parece que Jasmine está tentando aumentar secretamente o valor das próprias ações ao se fundir com uma companhia muito mais sofisticada e valiosa do que a dela. Pelo menos em termos de mercado.

Você pode achar que Jasmine é uma pessoa superficial. Mas é um pouco mais complicado. Observe com mais atenção e verá que o que faz Jasmine sentir--se atraída pelo Craque é o fato de ela vir de um lugar de *ausência* – o que quer dizer que, no fundo, ela acha que precisa compensar algo. Então ela quer alguém que seja "mais" do que ela (como ela própria define). Se não acreditasse nisso, poderia descobrir que seria feliz com um cara normal, com uma família normal e um emprego normal.

Eis a prova de que a situação de Jasmine tem a ver com não se achar boa o suficiente: toda vez que é "rejeitada" (suas palavras), ela usa essa rejeição para confirmar a si mesma que há algo tão errado com ela que nunca conseguirá encontrar um ótimo marido e ser feliz. Novamente, ela conclui que não é o *bastante* – bonita o bastante, inteligente o bastante, sofisticada o bastante – para conseguir o cara que quer.

De certo modo, ela está certa. Uma olhadela rápida na vida real pode confirmar isso. Quando penso em um craque, penso em Tom Brady, campeão do Super Bowl que joga futebol americano pelo New England Patriots. E com quem ele é casado? Bem, ele dispensou uma linda atriz de Hollywood para ficar com uma supermodelo mais linda ainda. E não é uma supermodelo qualquer – *é a supermodelo mais famosa do mundo*, Gisele Bündchen. Ele sabe que empresa dele é a Apple e está investindo nela.

É um conceito básico da biologia todos tentarem arrumar o melhor par possível. Mas quando a máquina do não-sou-boa-o-bastante atrapalha o processo, a pessoa acaba numa situação semelhante à de Jasmine. Ela gasta toda energia indo atrás desses caras – que, por sua vez, vão atrás de garotas igualmente fora de alcance – mesmo que o tempo esteja passando e ela esteja pronta para se comprometer nesse exato momento.

Se você se encontra na situação de Jasmine, não se preocupe. Você está lidando apenas com a *convicção* de que não é suficientemente boa, uma convicção que pode ser facilmente reparada, *porque não é verdadeira*.

Só que você ainda não sabe disso.

Está tudo bem

Seu problema é sempre exatamente o que você precisa para resolver seu problema. Como? Pense em seu problema como uma flexão. Aquele exercício que o pessoal do exército faz para ficar mais forte usando apenas o corpo e uma superfície imóvel, como o chão. Em minha metáfora, o problema – também conhecido como sua falsa convicção a respeito de si mesma – é o chão. É a superfície imóvel. Quanto mais você empurra essa superfície imóvel, mais ganha força.

Empurrar, nesse exemplo, é quando você olha para sua falsa convicção sobre você mesma – de que não é boa o suficiente – e, em vez de desmoronar e ficar ali deitada no chão, você *reage*, reconhecendo que aquilo é falso. Você empurra com a verdade: *você é boa o bastante, bem aqui e bem agora.*

Sempre que agir assim estará fazendo uma flexão. E, se fizer muitas vezes – porque está preferindo ser muito disciplinada e não deixar os falsos pensamentos saírem por aí fazendo o que quiserem em sua cabeça –, ficará mais forte. É por isso que você não precisa se livrar das falsas convicções a seu respeito – apenas precisa desafiá-las. Elas contêm exatamente o que você precisa para crescer. E também é por isso que as pessoas dizem "está tudo bem". Mesmo algo ruim é bom – oferece a oportunidade de crescer.

Assim, problema = força.

Observações da minha vida como esposa traída

Meu terceiro marido, Paul, me abandonou. Espere, esqueça isso. Na verdade, eu o abandonei. Mas ele me traiu e fez com que ficar se tornasse impossível. Nunca é fácil lidar com a infidelidade, principalmente porque ela quase *sempre* desafia sua sensação de ser ou não boa o bastante. Para começar, como parceira de traição, meu querido terceiro marido escolheu uma menina de 21 anos (obrigada!). Eu tinha 41, então, como pode imaginar, isso me deu força extra em minha escalada para me valorizar. Ele também optou por começar esse novo relacionamento quando só tínhamos nove meses de casados (ou eram oito?), o que realmente me ajudou a sentir que fiz boas escolhas na vida. E tem também meu histórico de infância, com toda aquela coisa do abandono, meu pai na prisão – blá-blá-blá. Não é preciso ser psicólogo para ver como o auto-ódio que vivia dentro de mim queria que eu concluísse que *não era boa o bastante e nunca seria.*

Casar-me com Paul foi como ganhar o grande prêmio do auto-ódio. Eu até iria mais longe e diria que esse *foi o motivo* de ter me casado com ele. Porque em algum nível intuitivo, eu *sabia* que ele corresponderia à minha crença de que, quando se ama um homem de verdade, ele vai abandoná-la ou fazer alguma coisa que a force a abandoná-lo. Obviamente eu tinha problemas sérios de autoestima, ou nem teria sentido atração por Paul, porque ele era meio que um caos completo (mas era *tão* gato!).

Mas a vida é muito elegante e sempre guarda a solução para um problema no (possivelmente escondido) bolso do próprio problema. E eu não aprendi isso só na teoria, mas porque em um domingo à tarde precisei lidar com o fato de uma menina de 21 anos não parar de ligar para o telefone do idiota do meu marido. No final do primeiro dia eu me dei conta de que só tinha duas opções: (1) desistir de mim mesma – e dos homens –, perder as esperanças de uma vez por todas e me tornar uma pessoa amarga, ou (2) decidir que o que eu *achava* que aquilo dizia sobre mim era baseado em alguma ideia antiga da infância e, portanto, era *falso.* E estava pronto para ser derrubado.

Escolhi a opção número dois. O que foi uma boa notícia, pois significava que diante de mim não estava a enorme ruína de um casamento que deu terrivelmente errado e a prova de que eu estava amaldiçoada para sempre no que dizia respeito aos relacionamentos amorosos, mas algo muito mais esperançoso: uma pilha enorme de *aprenda a amar-se agora mesmo.*

Algumas coisas relevantes sobre os homens

Lembra quando eu disse que este livro era muito mais sobre você do que sobre os homens? Era sério. O que esse terceiro marido me ajudou a perceber – e espero que você esteja começando a entender também – é que, para seguir ao próximo estágio no jogo do relacionamento, uma dama precisa assumir 100% da *responsabilidade* pelos homens que estão (ou não estão, como pode ser o caso) em sua vida. Cem por cento.

Isso significa decidir reconhecer que foi *você* quem colocou esses homens em sua vida – mesmo os ruins. Não estou dizendo que os escolheu conscientemente. Não estou dizendo que quis que eles a tratassem mal. O que *estou* dizendo é que nada pode mudar em sua vida até você perceber que, em alguma medida, vem *escolhendo* esses homens.

Depois de todos esses anos de casamento e namoro e muitos fracassos (ou "pré-sucessos", como gosto de chamar), eis o que sei: *os homens refletem nossas crenças mais profundas e mais inconscientes a respeito de nós mesmas.*

É quase como se todo relacionamento amoroso fosse um conto de fadas em que o homem é hipnotizado por uma fada do mal para fazer essa coisa de refletir-sua-imagem. Não para magoá-la – embora pareça que sim até você acordar de um sono longo e profundo –, mas *para que possa se curar e descobrir quem realmente é.*

Ok, talvez seja um pouco junguiano demais (ou no mínimo um pouco louco demais), então deixe-me tentar explicar de outra forma. Pense no relacionamento com um cara como um filme que descreve o modo como você se relaciona consigo mesma, projetado em uma grande parede branca chamada Ele. (Tenha em mente que, em geral, ele não sabe que faz parte de uma experiência cinematográfica.) No filme, tudo o que você pensa a respeito de si mesma – de "sou gorda" a "sou adorável" e tudo o que houver no meio – sairá, como em um passe de mágica, da boca do personagem Ele e refletido no comportamento d'Ele. Nas partes em que se sente segura a seu respeito, o cara na tela também ficará seguro e, nas partes em que não tem tanta certeza, o cara na tela comprará para você de presente de Dia dos Namorados um plano de academia de ginástica (história real).

Se quiser saber o que realmente pensa de si mesma, observe o comportamento e as atitudes dos vários Eles que passaram por sua vida no decorrer dos anos. Está percebendo algum padrão? Algum denominador comum entre um cara e outro? Talvez perceba que sempre está se relacionando com um cara muito crítico, ou controlador, ou infiel. É difícil aceitar, mas é assim que você acredita que deve ser tratada.

Quando ouvi essa ideia pela primeira vez, achei ridículo. "Está brincando?" Mas é possível saber que se está lidando com uma convicção inconsciente quando, além de ser absurda, ela também *deixa você irritada.* Porque ninguém fica bravo com uma coisa a menos que, lá no fundo, acredite que seja pelo menos um pouco verdadeira.

De qualquer modo, insisto que experimente a ideia apenas por um minuto. Sempre é possível abandoná-la se não servir. Olhar para os homens por esse prisma a deixa mais poderosa – agora você vê a eles e a toda a sua vida amorosa de uma maneira totalmente nova. Tem menos a ver com "Nossa, aquele cara era um escroto" e mais com "Caramba, *é isso* que eu penso de mim mesma?". Também é possível acompanhar seu progresso. Você sabe que está seguindo em frente quando o tipo de cara que você atrai evolui de Enfurecido para Às Vezes Meio Bravo, Mas Ainda Racional.

Obviamente, se você tiver alguma convicção inconsciente a seu respeito que não funcione a seu favor, vai querer mudá-la. Mas como?

O que você terá que mudar

Você terá que *demitir seu ego.* Se acha que não é boa o suficiente, pode ter certeza de que seu ego é o presidente da empresa chamada Você. O ego é assim, o tempo todo comparando essa coisa com aquela e decidindo que uma das duas é melhor ou pior. Não existem iguais no mundo do ego. Ele adora ver pessoas legais como você sofrendo. Pense no ego como o Mágico de Oz, lá atrás das cortinas, projetando-se em uma tela grande, parecendo muito assustador e intimidador. Ele vomita coisas abomináveis e cruéis só para poder ficar no comando.

O auto-ódio não é um estado natural – nós não nascemos nos odiando. A ideia de que não somos nada mais, nada menos do que qualquer outra pessoa, além de não estarmos em nenhum lugar além daquele em que deveríamos estar, é *sempre* gerada pelo ego (isso também vale, por sinal, para o homem que você vai amar: seu ego é que tentará dizer a você que ele é melhor ou pior do que outras pessoas, ou melhor ou pior do que você).

Então, o que é o ego? Em primeiro lugar, não é você *de verdade*, embora ele queira que você pense que é. O melhor jeito que conheço para descrever o ego é esse: *o ego é o "você" que fala alto e mora dentro da sua cabeça.*

Se o auto-ódio são os catorze palhaços que saem desordenadamente de dentro de um carro no circo, o ego é o próprio carro. É a parte de você que a compele a dizer e fazer coisas das quais acabará se arrependendo, desde mandar aquele e-mail enfurecido para sua irmã porque ela "merece" até comprar uma BMW que nunca poderá pagar porque você "merece". Em qualquer uma das situações, o ego não serve para dar apoio.

E sabe o que mais? O ego fala. E fala, e fala. Tem uma língua afiada, como Simon Cowell no *American Idol* ou Sue Sylvester em *Glee*. O ego põe o dedo na sua cara. Ele pode parecer esperto, mas nunca tem nada de bom a dizer. Enquanto seu ego estiver conduzindo o show, você estará sujeita a negativas mensagens de auto-ódio a seu respeito. Você também estará sujeita a mensagens cruéis a respeito das outras pessoas – pessoas como os caras com quem está tentando sair. De qualquer modo, se acreditar nessas mensagens, na maior parte do tempo você *não será uma pessoa gentil e amável*. Nem para você, nem para ninguém. É obvio que isso terá um efeito sério em seus relacionamentos.

O ponto principal é que você só pode amar um homem se amar a si mesma. Sua capacidade de ser compassiva e gentil com alguém – mesmo quando essa pessoa fez algo muito estúpido, e mesmo que esse alguém seja você – vem de sua capacidade de ser compassiva e gentil consigo mesma. É por isso que se diz que a gentileza é *extensiva* – porque você a tira de uma pilha de gentileza que já existe. E, se sua pilha for pequena, você vai achar o casamento difícil.

Então, como é que se consegue uma pilha maior?

Recursos espirituais que podem ajudá-la a mudar

Você precisa arrumar um pouco de *amor-próprio*. Se já leu algum livro de autoajuda ou assistiu ao programa da Oprah, já deve estar enjoada de ouvir o quanto é elevado praticar o amor-próprio – talvez a ponto de achar que virou um terrível clichê. E até virou. Mas isso não muda o fato de que sua capacidade de se amar tem tudo a ver com sua capacidade de fazer parte de um relacionamento, assim como – e esse é o motivo de estarmos falando disso aqui – sua capacidade de mudar as coisas que estão atrapalhando sua busca por um relacionamento.

Se você é como eu era, pode nem saber muito bem o que isso significa. Para começar, o termo "amor-próprio" normalmente é usado como sinônimo de "autoestima", mas não é a mesma coisa. Autoestima é achar que você está especialmente bonita usando aqueles jeans. Amor-próprio é quando você se trata bem mesmo se não está bonita.

Se eu tivesse que explicar da forma mais simples possível, diria que *amor-próprio é quando você se trata da mesma forma que pais muito bons ou uma pessoa como sua avó a tratariam.*

Como é isso, afinal? Não quer dizer que você deve ceder a todas as suas vontades – como comprar uma bolsa Fendi quando tem um dia difícil no trabalho. Significa ser mais *amorosa*, mais carinhosa e dar mais apoio... a si mesma. É assim que os pais que você *desejaria* ter tido a teriam tratado: você estabelece limites firmes para si mesma, espera muito de si mesma e tem expectativas altas (mas não abusivamente altas) em relação a você mesma, porque quer ter uma vida excelente.

Quando acontece algo ruim, você assume a responsabilidade por isso – não se culpa nem culpa os outros. Principalmente quando as coisas dão errado (e a vida é assim, então coisas *vão* dar errado), você se trata como alguém amoroso trataria um filho – não diz nada cruel a si mesma, não se chama de burra ou diz que mereceu aquilo ou que há algo de errado com você.

Não diz nada a si mesma que não consiga imaginar uma doce avozinha dizendo.

Pegadas

Seu relacionamento consigo mesma é como um rastro de pegadas que leva os homens até você. Para onde quer que o rastro os leve – seja um lugar de amor-próprio ou um lugar de medo –, os homens com essas qualidades são os que chegarão até onde você está.

Ok, você entendeu tudo. Mas voltemos ao que eu estava dizendo sobre o amor-próprio ser o ingrediente mais importante para a mudança. Eis o motivo: para a mudança acontecer, você precisa *se permitir saber* que a mudança precisa acontecer. Em anos conversando com mulheres que estão passando pelo processo de aprender a se amar e a fazer mudanças, percebi uma coisa. Permitir que esse conhecimento se infiltre na superfície de sua mente só é possível quando se sabe outra coisa muito importante bem a fundo: *você ainda vai se amar, mesmo admitindo que precisa mudar.*

Deixe-me explicar um pouco melhor. Antes eu não podia nem saber que um relacionamento meu não estava dando muito certo porque, qualquer que fosse o motivo, só poderia significar uma coisa: eu era uma pessoa impossível de se amar. Principalmente por mim.

Por exemplo, um namorado me disse uma vez que eu falava demais e ele sentia que nunca tinha oportunidade de falar. Trata-se de uma crítica muito simples e também devia ser verdadeira, mas, ainda assim, *eu mal pude ouvir aquilo.* O motivo de não poder ouvir aquela crítica é que de jeito algum eu poderia me amar como uma pessoa que fala demais. Eu discutiria *até a morte* para convencê-lo de que eu não falo demais, ele é que fala muito pouco e esse é o verdadeiro problema. Obviamente. E se eu tiver que incluir alguma observação sobre sua criação em uma família desestruturada para reforçar meu argumento, bem... – eu não estaria errada. O que nos leva à outra grande reclamação que os namorados têm a meu respeito: o fato de achar que estou certa o tempo todo. Essas são só duas coisas que ocupam o topo de uma longa lista de coisas que eu faço/costumava fazer.

Infelizmente, como não consigo receber críticas – porque não sou capaz de me considerar uma pessoa possível de se amar se permitir que sejam verdadeiras –, não posso mudar.

Você pode estar se perguntando *como* realmente é amar a si mesma. Bem, vou dizer como é para mim. Sempre que eu tinha um pensamento em que dizia a mim mesma como havia sido estúpida de me casar com Paul, simplesmente dizia, com calma: "Eu amo você, Tracy". E quando podia ouvir meu eu (isso mesmo, era o meu ego) dizendo-me que eu estava velha e abatida porque havia sido dispensada e trocada por uma menina de 21 anos, eu dizia novamente: "Eu amo você, Tracy". E quando me dei conta de que teria que reconstruir minha vida do zero aos 41 anos, apenas repeti: "Eu amo você, Tracy". Dizia isso sempre que tinha um pensamento ou sentimento negativo a meu respeito.

Eu disse essa frase muitas vezes.

E tentei levar a sério. No início era estranho, mas gradualmente as palavras começaram me parecer menos vazias. Comecei a experimentar o sentimento por trás daquelas palavras – *eu amo você* –, e a sensação era boa. Significava que eu me garantia, era capaz de me consolar, tinha compaixão por mim mesma e conseguia me tranquilizar com a ideia de que tudo ficaria bem.

Funcionou, e não apenas imediatamente após a separação. Vou tocando a minha vida e sei que, se acontecer qualquer coisa no relacionamento com um cara, *eu ficarei bem*. E isso, no fim das contas, era o que estava faltando em todos os meus relacionamentos.

O que sua avó sabe e gostaria de lhe dizer com toda a delicadeza

Vamos recapitular o Capítulo 7:

- ***Você se odeia.*** Você acha que não é boa o bastante, e isso está dificultando a entrada de alguém em sua vida. *Não é verdade!* Você é maravilhosa, mesmo que totalmente imperfeita.
- ***Homens são como espelhos.*** Eles refletem suas crenças mais profundas a respeito de si mesma. Procure os padrões – em que pontos precisa trabalhar sua autoestima?
- ***Demita seu ego.*** O ego é aquela voz alta em sua cabeça que pensa que é o Simon Cowell. Diga a ele que o programa acabou e é hora de ir para casa. Se acreditar em tudo o que ele disser, terá muita dificuldade em ser uma boa pessoa. Principalmente com um homem.
- ***Aprenda a se amar.*** Sua capacidade de tratar a si mesma como uma pessoa muito amorosa a trataria é crucial para conseguir ter um relacionamento saudável. Porque você só pode amar alguém na mesma medida em que se amar.

8. Você é mentirosa

Ou iludindo-se e outras tragédias

1. Você já disse a alguém que não queria um relacionamento quando, na verdade, queria?
2. Você já ignorou todos os sinais de alerta a respeito de um cara porque o queria?
3. Você já escondeu detalhes de um relacionamento porque seus amigos lhe diriam para terminar tudo se soubessem?

TALVEZ COMECE ASSIM: você conhece um cara por quem se sente atraída. Isso quase *nunca* acontece, então, antes da primeira conversa com ele chegar ao fim, você já está secretamente esperando – beeem lá no fundo da mente – que dê certo. Outra parte de você já tem certeza de que não vai dar, uma vez que já passou por isso um zilhão de vezes e, se alguma vez tivesse dado certo, você não estaria aqui sentada, bebericando um mojito e imaginando se vai ou não gostar de morar no bairro em que esse cara acabou de dizer que mora. Ele também disse algo deixando claro que não está realmente disponível para um relacionamento sério, mas você já cansou de interromper as coisas antes mesmo de começarem, então dá uma chance a ele mesmo assim. As pessoas mudam de ideia o tempo todo. Além disso, ele é muito lindo.

No decorrer das semanas seguintes, as coisas progridem dos amassos ao quase-sexo. Não é bem um namoro, mas chega perto. Vocês saem para jantar, vão ao cinema e a exposições, mas cada um paga sua parte e você o convida com a mesma frequência com que o convite parte dele. Você gosta da companhia dele e existe uma possibilidade de que aquilo possa se tornar algo mais. Não existe? É claro que existe. As pessoas mudam de ideia o tempo todo.

Embora nunca admita, você sabe (beeem lá no fundo da mente) que, se disser a ele o que realmente quer – casamento, um filho, um lar –, ele vai embora. Talvez no fim da tarde de hoje. Então você simplesmente diz como a situação de vocês é perfeita porque você só queria companhia e sexo por diversão! Você ama fazer sexo por diversão! E não quer um relacionamento sério de jeito algum! Você jura! Apenas adora ficar com ele!

Em outras palavras: *você mente.* E não tem ideia de como isso está afetando sua vida amorosa.

A verdade por trás disso

Existem mil maneiras de mentir em um relacionamento, mas só uma delas importa: quando você *mente para si mesma.* O autoengano é a coisa mais destrutiva que você pode fazer com suas possibilidades de ter um relacionamento feliz e saudável. Por quê? Porque é o que torna possível tudo o que foi abordado do capítulo um ao sete. É o músculo – a força, na verdade – por trás de todos os outros comportamentos que a estão mantendo solteira. Se não estivesse se iludindo, seria obrigada a avaliar como o sexo casual, a raiva, o medo, o perfeccionismo, a loucura e todo o resto está afetando seus relacionamentos – ou a falta deles. Ao não considerar essas coisas, você está ficando paralisada.

A mentira quase sempre é motivada por uma coisa: conseguir o que se quer. Se parar para observar seu comportamento mentiroso, verá que queria alguém ou algo que não podia ter – pelo menos não com a consciência limpa – a não ser que mentisse a eles ou a si própria. Então você fez o que achava que tinha que fazer, e depois sua mente providencialmente apagou todos os rastros de seu crime – de modo que você nunca se culpasse. Esse processo é tão comum que existe até uma palavra para ele: "negação".

Para seu futuro casamento, é fundamental lidar com as maneiras como mente para si mesma. Um relacionamento forte requer duas pessoas autênticas – consigo mesmas e com o outro. Um cara autêntico vai sentir o "cheiro" de suas mentiras e se afastar. Mesmo que consiga mentir para um cara com quem quer ficar, se ele não perceber seu engodo, pode ter certeza de que ele está se enganando também. Ou passando a perna em você. E nenhuma das duas possibilidades é muito animadora.

Vamos falar sobre algumas situações comuns em que você pode mentir para si mesma sobre um homem. Como vai ver, existe uma quantidade espantosa de variedades – ou não.

- ***Ele não é adequado.*** Ele é casado. Ele tem dezenove anos. Ele tem problemas com jogo. Seja o que for, uma mulher que se iluda menos o rejeitaria de imediato. Mas você, não. Você acha que vai aguentar firme até o problema ser resolvido – provavelmente, por você.

- ***Não vai rolar.*** Ele é casado. Ele tem dezenove anos. Ele tem uma agulha pendurada no braço. Seja o que for, ele não quer você – ou pelo menos não o bastante para resolver o problema que você implora para que ele a deixe resolver.
- ***Ele não está disponível.*** Ele é casado. Ele tem dezenove anos. Ele passa três horas por dia assistindo a filmes pornô. Seja o que for, ele está ocupado. Deixe-o em paz. Ele vive pedindo isso, mas você não dá ouvidos. Você acha que ele só tem "medo" de se aproximar porque tem problemas e precisa de sua ajuda.

Então vem minha mentira preferida:

- ***Ele é só um amigo.*** Você o conhece do trabalho, ou de outro lugar qualquer, ou talvez vocês tenham tido um relacionamento antes. Seja o que for, você está pensando: *Bem, pelo menos ele não passa três horas por dia assistindo a filmes pornô.* Notícia bombástica: amizade é quando você *não* transa com a pessoa. Se quer transar – mesmo que não seja tanto assim –, vocês não são só amigos. São amigos que querem transar, mas isso não aconteceu (ainda). O que significa que no momento só estão tomando café como amigos, ou até trabalhando em um projeto juntos como amigos, até chegar a hora de você escorregar e cair sobre o pênis dele. Se não consegue reconhecer isso, está sendo imatura – e não é de se admirar que não seja casada.

Se está tentando ficar com qualquer um dos tipos de cara acima, é provável que esteja guardando a maior parte dos detalhes para si. Mentir exige isso. Não que não fale sobre ele com qualquer um que escute – seu terapeuta, a depiladora, seus 14 mil amigos íntimos. Mas você convenientemente deixa de fora as partes chocantes da história. Em vez de casado, ele é separado (mesmo vivendo na mesma casa e dormindo na mesma cama que a esposa). Em vez de ter dezenove anos, ele é imaturo (o que é normal para alguém com dezenove anos). Em vez de ter uma agulha pendurada no braço, ele é alternativo (como se ser alternativo fosse tão bom assim). Você mascara as coisas ruins a ponto de quase parecerem boas. E é tão convincente que até *você* começa a acreditar nelas.

Mas não é bem assim. Por baixo dessa sua interpretação, você sabe que há algo errado aí. E sabe como eu sei? Porque você está mentindo.

A segunda maior ilusão

Se "somos apenas amigos" é a maior ilusão de todas, a segunda é "ele vai mudar". Nunca vou esquecer o que uma conhecida (ok, uma cabeleireira) casada há muitos anos disse uns seis meses depois de meu terceiro e desastroso casamento. Ela estava casada há doze anos, e seu principal conselho foi frio e simples: *se ele nunca mudasse nada, você conseguiria viver com ele exatamente como é nesse exato momento?*

Aquela pergunta me deu um arrepio na espinha. Porque a minha resposta era não... pelo menos não sem ansiolíticos. Eu estava com um cara que, se fosse um carro, teria dado perda total. Como quando uma moça bateu em meu Volvo 1984 estacionado. Não interessa se o carro é extraordinário – o fato de as duas portas e parte da lataria estarem amassadas fazia o conserto custar mais do que os 2,6 mil dólares que o carro valia. Minha cabeleireira estava se referindo a ter um homem como um Honda decente que só precisa do equivalente a um novo jogo de capas para o banco. Ou mesmo se precisar de um novo para-choque – bem, você pode viver sem ele. Mas se tiver que substituir, digamos, o *motor*... Talvez não valha a pena.

Isso não quer dizer que os homens nunca mudam. Às vezes eles mudam. Mas só se estiverem a fim. É loucura ir mais a fundo no relacionamento – ou seja, dividir um teto, ficar noiva ou se casar – enquanto aposta que o cara vai mudar algo básico em sua personalidade ou importante para o seu sistema de valores (ou dele). Você tem que partir do princípio de que o cara que está diante de você permanecerá exatamente como é.

É provável que seja uma coisa boa para você também. Permitir que um homem simplesmente seja como ele é no momento – até decidir crescer ou mudar, *se* algum dia decidir crescer ou mudar – chama-se amar alguém incondicionalmente. É o que todo mundo quer! Inclusive você. E se quiser colher, terá que plantar.

Observações da minha vida como mulher que ignorou por sua própria conta e risco aquilo que sabia

Senti na pele essa experiência. Pegue meu terceiro marido como exemplo. Desde o comecinho eu sabia que não havia como aquele relacionamento funcionar, mas fingi não saber. Simplesmente não queria saber! Joguei a verdade para um lugarzinho fora de meu campo de visão. Mas mesmo se eu admitisse, não teria importância. Porque eu queria aquele homem! Paul era bacana, bonito, tinha um ótimo emprego e um apartamento em que era impossível não se imaginar vivendo. Passamos três dias muito intensos juntos até que eu disse que, se dormisse com ele, criaria laços e perguntei se ele era alguém que queria criar laços. Eu precisava saber se ele estava disponível para um relacionamento. Fiquei até orgulhosa de mim mesma por ser tão direta.

Funcionou – mas não como eu queria. Paul desapareceu de imediato. Depois de estar em contato constante com ele por três dias inteiros (de nosso relacionamento superintenso), ele simplesmente sumiu. Fiquei extremamente decepcionada. De um modo nada justificável, pois eu nem conhecia o cara direito – mas de alguma forma ele entrou em meu mundo e ferrou com tudo. Mas eu fiz algo diferente: acho que pela primeira vez simplesmente o deixei ir. Não liguei, não escrevi, não encontrei com ele "acidentalmente". Não o persegui de nenhuma maneira.

Foi um tipo de milagre, porque meu padrão normal de namoro – quando eu não estava casada – era ficar (1) sofrendo por alguém ou (2) correndo atrás de alguém. Eu agia como se amar significasse tentar enganar um cara para que ele me achasse incrível. Mas aos 39 anos eu estava começando a entender alguns dos erros que vinha cometendo com os homens, e essa coisa de correr atrás era o principal deles. Paul havia deixado claro que, naquele momento, ele não estava interessado, e eu pratiquei o desapego. Viva eu! Fiquei com a sensação de que estava crescendo de verdade e, de certa forma, estava.

Então imagine minha alegria quando, cinco semanas depois, minha nova técnica mostrou-se mais eficiente do que eu poderia sonhar – Paul me ligou! Ele disse que estava pensando em mim e perguntou se poderíamos tentar novamente. Naturalmente, fiquei eletrizada.

Mas por trás de minha empolgação havia um sentimento discreto, porém muito insistente na boca de meu estômago, que dizia o seguinte: *Isso é um grande problema. Esse relacionamento não vai dar certo. Esse cara não sabe o que está fazendo e vai arrastá-la para baixo junto com ele.* Mas o aprendizado às vezes funciona dando dois passos para frente e um passo para trás. Não querendo deixar Paul ir embora outra vez, eu arrisquei indo contra meu instinto, minha verdade interior.

Tecnicamente, eu *escutei* o sentimento, só que não fiz nada a respeito. Simplesmente o deixei lá enquanto namorava Paul, mudava-me para sua casa e casava-me com ele – tudo em dez meses. E nove meses depois, eu o peguei me traindo. *Argh.*

Essa história é muito mais comprida, obviamente, mas ao voltar àquele momento em que eu soube a verdade e, logo em seguida, deixei de saber, assumo toda a responsabilidade por minha parte no que aconteceu. Paul não era um bom sujeito em muitos sentidos, mas, se eu tivesse conseguido ser sincera comigo mesma, o fato de ele não ser um bom sujeito não teria me afetado em nada. Fui eu que abri a porta para suas baboseiras – quando menti para mim mesma.

Assumir a responsabilidade significa que nunca mais terei que fazer isso de novo. Porque em minha experiência essas merdas muito ruins não acontecem do nada. Elas vêm com muitos sinais de alerta.

Sinais de alerta que eu estava escondendo de mim mesma.

Por que Claire não se casou

Uma garota com quem eu malhava tem outra versão dessa história. Aos 38 anos, Claire estava namorando Jason há alguns meses quando "eles" finalmente decidiram que "faria mais sentido" morarem juntos. Acontece que morar com ela não foi ideia de Jason, e ele não pensava em pedi-la em casamento. Embora nenhum dos dois tenha dito isso explicitamente, o projeto inteiro era de Claire.

Não foi surpresa quando, um ano depois de eles terem se mudado para um apartamento maior e melhor – aquele que representava uma vida de compromisso –, Jason saiu de casa. Ele simplesmente não estava pronto ainda para esse tipo de comprometimento – só que levou um ano para admitir isso a si mesmo. Mas Jason, produtor musical, não foi apenas embora, ele decidiu ter um caso com uma jovem cantora e compositora no caminho. Essa pisada na bola garantiria que Claire não teria outra escolha além de encarar que Jason não tinha intenção de se casar com ela.

Mais de um ano depois, Claire ainda está furiosa com ele. Ela acha que Jason a enganou, mas – embora certamente seja 50% responsável pelo que aconteceu – ele só foi capaz de fazer aquilo porque Claire estava enganando a si mesma.

Se olhasse com um pouco mais de atenção, Claire veria que seu desejo de dar um passo tão grande com Jason veio *precisamente* do fato de saber que Jason não estava comprometido, e ela queria avançar as coisas. Estava esperando que o novo começo *levasse* ao comprometimento em vez de ser *resultado* dele. Ela fez tudo ao contrário.

Enquanto não admitir que sabia o tempo todo que Jason não estava comprometido, Claire pode continuar a se fazer de vítima e culpá-lo por ser mau caráter. Na verdade, Jason foi a pessoa do relacionamento que disse em voz alta o que ambos já sabiam. Ele não foi muito legal ao ter um caso. Mas o caso não mudou o problema latente de Claire – Jason não a estava escolhendo como esposa, e ela se permitiu entrar em negação a esse respeito.

Mais uma vez temos que voltar ao princípio que discutimos no Capítulo 2: *sempre encontraremos nosso par em algum lugar.* Claire e Jason estavam se iludindo – Jason estava enganando Claire, e ela estava enganando a si mesma. A verdade estava bem ali, mas Claire não queria ver. E não querer ver a verdade é apenas o outro lado de não querer dizê-la.

Infelizmente, a raiva permanente que Claire sente por Jason sugere que ela ainda não entendeu sua parte – que estava mentindo para si mesma. E até entender ela não estará pronta para o casamento.

Nada de segundo encontro

Tive um relacionamento uma vez em que o cara foi à minha casa assistir a um filme no videocassete (foi há muuuito tempo) e, basicamente, *nunca foi embora.* Não tivemos um segundo encontro, porque o primeiro nunca chegou a acabar! Depois de uns meses, percebemos que estávamos morando juntos. Sim, ele dividia um apartamento com um amigo, mas não o usava. Depois de um ano, finalmente oficializamos o fato de morarmos juntos – preenchendo um formulário de alteração de endereço nos correios.

Não será surpresa saber que o relacionamento não terminou bem. Tudo acabou quando me dei conta de que, pelo menos em minha cabeça, eu estava noiva dele – mas ele ainda estava me namorando. Porque no entendimento dele eu não era A mulher certa. Surpresa! Ele não o disse com todas as letras, mas com o passar do tempo ficou bem óbvio. É claro que fiquei muito irritada.

Uma hora, no entanto, foi necessário que eu examinasse como aquilo aconteceu. E não havia mistério. Afinal, nós *nem chegamos a ter um segundo encontro*. Foi por isso. Ao "morarmos juntos" no primeiro encontro, eu nunca tive que lidar com minhas incertezas a respeito do relacionamento. Simplesmente aconteceu, e nós simplesmente estávamos fazendo parte daquilo.

Sempre tive dificuldade com os estágios iniciais de um relacionamento, porque é quando fico mais ansiosa para saber se vai ou não durar. Sempre estou disposta a pular para a fase dois ou três – em que você já sabe que os dois ficarão juntos para sempre. É uma parte importante do motivo pelo qual sempre quis me casar. Eu (de maneira meio infantil) achava que, se declarássemos nosso compromisso eterno, seria assim mesmo.

Morar junto no primeiro dia era o segundo melhor plano. Mas mesmo que eu estivesse tentando acabar com minha incerteza, o que acabei fazendo foi adiá-la por três anos, quando a corda estava para arrebentar e meu namorado e eu nos deparamos com uma situação que exigia comprometimento genuíno para ser superada. E eu descobri que isso era algo que não tínhamos.

Tal descoberta foi uma lição dolorosa, mas depois de ter identificado exatamente como as coisas aconteceram, não precisarei aprendê-la de novo.

Algumas coisas relevantes sobre os homens

Vamos falar um minuto sobre como os homens funcionam. Em minha experiência, a maioria dos homens não vai mentir para você. Pelo menos não diretamente. Eles podem contornar determinados assuntos, mas não vão dizer sim – se querem dizer não – quando você perguntar na cara deles se estão interessados em se casar logo.

O que vão fazer é deixá-la mentir para si mesma. Digamos que você seja superconvincente quando diz que poderia estar interessada em uma amizade colorida. Um cara pode se enganar pensando que você sabe do que está falando – mesmo que amizades coloridas não tenham funcionado com as últimas três mulheres com quem tentou (pelo menos não além do primeiro mês). Mas chega uma hora em que esse tipo de situação fica muito inconveniente (ou dolorosa) para a maioria dos homens, e eles aprendem a detectar se uma mulher é *realmente* capaz de entrar em uma amizade colorida ou se está secretamente tentando fazer uma coisa meio parecida com o que faz um estagiário – que espera ser contratado se conseguir impressionar no serviço.

Há também um tipo de mentira mais perniciosa que às vezes parte dos homens, como aquela em que Jason estava envolvido – eles realizam todas as ações de um homem comprometido sem estarem necessariamente comprometidos. Eles vão morar com você, falam sobre o futuro, podem até rachar o valor de um móvel grande, mas, no fundo, ainda estão apenas namorando. Tenho um amigo que chama isso de "namoro profundo". É quando um cara tira o tempo que precisa para formar uma ideia de quem é você e de como será a vida com você. Ao tentar me explicar, meu amigo representou dessa forma:

1
10
100
1.000
10.000

Cada um desses números representa um ponto no relacionamento – quantas vezes você transou com ele. (O que posso fazer? Às vezes é assim que os homens pensam.) Em cada posição, o homem tem uma ideia diferente do que é o relacionamento e do que poderia ser. Nos números 1, 10 e 100, ele simplesmente ainda não tem informações suficientes sobre você (pelo menos na cabeça dele) para assumir um compromisso sério. Mesmo que você já o tenha deixado mudar-se para o seu apartamento (como eu disse, você provavelmente não deveria ter feito isso).

Mas vivemos na cultura da chamada monogamia compulsória – o que significa que, se você é uma mulher como eu, *não vai* transar mais de cem vezes com um cara que não está "comprometido" com você. Esse fato deixa o homem em uma posição difícil – ou ele vai continuar com seu programa monogâmico enquanto se decide sobre as perspectivas a longo prazo do relacionamento ou vai dizer a verdade (que ele ainda está pensando, mesmo dez meses depois) e ver você deixá-lo por um cara que *vai* seguir seu programa.

Segundo meu amigo – que é biólogo, veja só –, isso leva homens e mulheres a uma corrida armamentista de namoro-e-casamento em que o homem combate o míssil balístico intercontinental de sua recusa em transar com ele cem vezes fora de um relacionamento sério com sua própria modalidade de defesa ao estilo Star Wars: o namoro profundo.

Estou compartilhando essa ideia com você não porque gosto dela, mas por achar que acontece muito. É o motivo pelo qual mulheres de 33, 36 ou 39 anos às vezes se veem terminando o relacionamento com um homem com quem dividiam um teto (talvez já por muitos anos) porque pensavam que ele se casaria com elas, mas ele, por sua vez, estava apenas namorando.

Namorando profundamente.

Só existem duas coisas que você pode fazer para se defender disso. Primeira: *não vá morar com um cara sem se casar com ele, a menos que não se importe com a possibilidade de o casamento nunca acontecer.* Como eu sempre digo: um homem raramente muda enquanto você está transando com ele e preparando o jantar.

E segunda: você terá que *ser sincera.* Consigo mesma e com os homens.

O que você terá que mudar

Você precisa ser sincera – é mais fácil falar do que colocar em prática. Primeiro, terá que aprender a identificar quando está mentindo. Há algo na mente humana com um talento excepcional para não saber o que não quer. Nosso cérebro evoluiu durante bilhões de anos para garantir que sua única preocupação fosse colher esperma bem resistente. E se for preciso mentir a si mesma para consegui-lo, tudo bem. A natureza não dá a mínima.

Mas a vida moderna é consideravelmente mais complicada do que isso. Por vivermos mais tempo, nossos casamentos duram muito mais do que os de nossos antepassados neandertais. E, para sermos felizes, precisamos escolher com sabedoria. Ter um casamento bem-sucedido nos dias de hoje significa mais do que apenas ter filhos e caçar leões. Tem a ver com saber quem somos, saber com quem estamos compartilhando nossa vida e garantir (na medida de nossa capacidade – ninguém tem bola de cristal) que se trate de uma boa união.

Sempre percebo quando uma mulher está se iludindo com um relacionamento. Nas conversas, ela sempre faz declarações que racionalizam, minimizam, justificam e negam o que um cara está dizendo ou fazendo ou *não* dizendo e *não* fazendo. Ela me diz que ele não bebe *tanto assim*, ou que só está saindo com ele porque seu casamento já terminou há *anos*, ou que ela tem certeza de que ele a ama, embora nada em seu comportamento demonstre esse amor. Quando você se ouvir dando desculpas assim, balance uma bandeira vermelha diante de sua própria cara. Pode ter certeza de que, sem nenhum tipo de intervenção, o relacionamento acabará dando problema – e quem terá que lidar com as consequências será você.

Outro sinal de que pode ser hora de parar e ser sincera: quando as conversas que tem com suas amigas são completamente diferentes das que tem com seu homem. Se está dizendo a suas amigas coisas sobre seu namorado que nunca diria na frente dele – grandes dúvidas, críticas –, atenção. Embora seja sensato ficar atenta para não magoar outra pessoa sem necessidade, se está contando às amigas vários problemas sérios de seu relacionamento e os escondendo do cara com quem está saindo, você está mentindo.

Na pior das hipóteses, as mentiras negam à outra pessoa informações necessárias para tomar soluções melhores visando o bem de ambos. Um exemplo óbvio: eu não conto que tenho herpes. Um exemplo menos óbvio: eu não conto que o que realmente quero é um cara que também seja luterano. O exemplo mais comum de todos: estou em busca de um relacionamento de longo prazo e não ligo se você não está. Vou namorá-lo mesmo assim. Há um nível de integridade exigido em um bom casamento e, se está fazendo uma dessas coisas, você não o tem.

Outra forma de mentirmos para nós mesmas – e que prejudica seriamente as perspectivas de casamento – é ficarmos com um cara com quem sabemos que não podemos, não vamos ou não queremos nos casar. Já passei *anos* namorando um homem que, para ser sincera, eu sabia que não era O Cara para casar (ou, em meu caso, o quarto cara). A verdade é que eu *sabia* que ele não era o homem certo para mim, mas ainda não estava pronta para abrir mão dele.

Isso acontece muito. Não é de se surpreender que não querer se desapegar seja o principal motivo pelo qual as pessoas continuam juntas (é claro que é). Mais uma vez, tem a ver com medo – medo de nunca mais encontrar alguém ou de olhar para trás e se arrepender de ter deixado o homem que você *tinha* partir. Mesmo sem ter certeza de que realmente quer um determinado homem, você também não quer perder a possibilidade de tê-lo. Isso fica confuso porque, às vezes, você não sabe se deve se aquietar, ou pelo menos aceitar o cara que está bem na sua frente, ou se deve esperar por outra pessoa. Pode ser uma pergunta difícil de se responder, certamente. Mas se for bem sincera consigo mesma, pode ter certeza de que, quando chegar a hora, você vai saber.

Outra coisa que você pode estar esperando é que uma hora ele acorde e perceba que você é a mulher certa. Sinto dizer, mas trago notícias para você: ele nunca vai achar isso, porque já sabe que você não é. Você sabe disso também, ou não teria que se iludir a respeito.

Passo muito tempo conversando com os homens sobre o que os induz a passar do namoro para o compromisso e para o casamento. A maioria afirma saber praticamente de imediato se estaria ou não disposto a considerar uma mulher para um relacionamento duradouro. Se a resposta é sim, começam a investir naquele relacionamento. Se a resposta é não, fazem pouco – talvez um telefonema sem muito entusiasmo ou uma mensagem de texto na esperança de descolar um sexo casual – ou não fazem nada.

A este ponto, você deve estar se perguntando o que deve fazer quando percebe que está se iludindo com um cara. Só há uma coisa a fazer: cair fora. Não vai ser fácil. Não há nada no mundo dos relacionamentos (nada mesmo) mais difícil do que se afastar de um cara de quem realmente se gosta. Principalmente se passou um, dois, cinco ou seis bons momentos com ele. E mais ainda se teve orgasmos múltiplos. Muitas meninas jogariam uma boa partida de Twister – pé direito no vermelho, pé esquerdo no verde, mão direita no amarelo – para pensar em um jeito de continuar gostando daquele cara. Deve haver um jeito de gerenciar a parte ingerenciável de um relacionamento! Talvez se só o visse nos finais de semana, ou mesmo uma vez por mês...? É difícil abrir mão.

Mas é preciso, se quiser seguir em frente. Parte de você terá esperanças de que seja apenas temporário – e às vezes acaba sendo. Vejo isso com frequência quando um cara não quer se comprometer, mudar ou crescer de modo significativo, mas sabe que ama você de verdade. O principal aqui é que *ele* sabe que ama você – e não *você* sabe que ele ama você. Se está nessa situação, termine com ele. Mas desapegue-se completamente – não telefone, não mande torpedos, nem e-mails, nem, deus me livre, ligue propondo sexo. Se ele acordar para o amor que sente por você, isso pode levar um mês ou dois.

Se demorar muito mais do que isso, já pode deduzir que ele não vai voltar. Então você pode chorar bastante, manter-se superocupada por um tempo e quem sabe passar um fim de semana com as amigas na praia. Não será divertido, mas a boa notícia é que – por ter sido disciplinada não telefonando, não mandando torpedos, e-mails e nem, deus me livre, ligando para propor sexo – a essa altura já terá andando meio caminho para esquecê-lo.

O que você *não* pode fazer é enganar o universo. Se está fingindo para si mesma que já o esqueceu totalmente, mas ainda está guardando um lugar para ele, não vai conseguir seguir em frente. Então certifique-se de que está sendo sincera porque tem um compromisso consigo mesma e é digna desse compromisso.

Recursos espirituais que podem ajudá-la à mudar

A chave é *conhecer a si mesma.* Sair do autoengano tem a ver com entrar em um processo de entendimento de quem você é e do que você precisa – em um homem e na vida. Se você sabe quem é, tem muito menos chances (menos *capacidade*, na verdade) de se enganar e fazer coisas que sabe que não são boas para você. Só é preciso acordar. E, para isso, é necessário *desenterrar.*

O processo de descoberta de verdades a seu respeito é como uma escavação arqueológica. Você começa procurando áreas de inconsciência. Um modo de saber onde você tem coisas enterradas é prestar atenção no que as pessoas falam sobre você e que, como eu disse antes, não só é absurdo, mas também *deixa você furiosa.* Como o que há neste livro. O que faz seu coração bater um pouco mais forte, o que a deixa com vontade de me escrever um e-mail inflamado, defensivo ou irritado sobre como estou errada – esses são os cacos dos jarros surgindo no solo. Comece a cavar.

Em seguida, verifique o que, nos relacionamentos, suscita reações emotivas que parecem maiores do que deveriam. É quando acha que alguém está mentindo para você? Quando alguém é condescendente? Quando alguém está escondendo alguma coisa? Tem um ditado que diz: "Se estou histérico, é histórico". Você vai precisar levar algumas dessas coisas para o campo da consciência se quiser parar de mentir para si mesma, já que essas mentiras não passam de um meio que sua mente encontrou de manter verdades ou realizações dolorosas no âmbito de seu inconsciente.

Esteja preparada para envolver-se por um bom tempo nesse processo – provavelmente para o resto da vida. Porque quando você começar a limpar com cuidado toda a terra que há em volta dos cacos do vaso de cerâmica, logo vai perceber que *tem uma maldita cidade inteira lá embaixo!* (É, isso é ser humano.) Escavar meticulosamente seus artefatos antigos é o que a vida faz. E, sério, o que é mais importante do que isso? Ir ao cinema? A verdade a libertará.

Mas você precisa querer saber. Essa é a peça final do quebra-cabeças da mentira. É fundamental começar a deixar entrar em sua cabeça coisas que o medo estava tentando deixar de fora. Não é difícil entender por que o seu subconsciente coloca as dores em um lugar seguro, fora de seu campo de visão – a verdade machuca. Ainda assim, por mais dolorosa que possa ser, a verdade só machuca por um minuto de sua vida. A mentira machuca *para sempre*, porque a mantém eternamente presa a situações de vida que não funcionam.

Como começar? Eis uma forma: quando estiver fazendo algo mais mecânico, como dirigir, lavar a louça, tricotar ou caminhar, tente fazer essa pergunta a você mesma: "O que eu não estou vendo?".

Depois, pare de pensar na pergunta. Volte à sua atividade mecânica. Enquanto continua a mexer no jardim, dobrar roupas, lavar o carro, ou seja lá o que estiver fazendo, pode começar a perceber uma espécie de resposta chegando à superfície. Às vezes vem na forma de uma imagem, uma frase ou uma palavra. Não se preocupe se, no começo, não reconhecer nada. Se fizer regularmente perguntas como "O que você precisa saber para avançar na vida?", certamente iniciará um diálogo com a parte de sua mente que serve de contêiner para as coisas que você sabe, mas acha que não está pronta para saber. Essa parte da sua mente só está esperando que você concorde em saber mais. No entanto, como temos livre-arbítrio (ou parecemos ter), precisamos *perguntar*. Parece estranho, mas funciona.

Assim que dominar a técnica, pode levar o exercício ao nível seguinte. Antes de dormir, peça para ter um sonho que traga uma resposta que você queira muito saber: "Fulano é o homem certo para mim? Estou em negação a respeito de Fulano?". Faça isso até começar a ter alguma clareza. Não vai demorar muito. A mente é capaz de revelar o que você precisa saber no momento em que estiver receptiva a isso.

Outra boa forma de dialogar com sua mente inconsciente é especialmente útil para quando você sente uma vaga sensação de incômodo ou desconforto, mas não sabe muito bem o que é. Tire meia hora para deitar na cama, puxar as cobertas e perguntar à sua mente o que ela está tentando dizer. Diga a si mesma: "O que está acontecendo? O que está acontecendo aqui?". Então fique ali deitada em silêncio enquanto vê o que surge. Preste atenção aos pensamentos que chegam à sua cabeça. Pode ser parecido com a leitura de um sonho, mas, se praticar com regularidade, ficará surpresa com quanta informação descobrirá a respeito de seus relacionamentos e de sua vida.

O que sua ex-melhor amiga queria dizer, mas nunca disse

Vamos retomar o Capítulo 8:

- ***Você é mentirosa.*** Não é sincera com os homens nem, o mais importante, consigo mesma, e isso está impedindo que veja as consequências de seu comportamento.
- ***Seja verdadeira.*** Dizer a um cara que está disposta a ter uma amizade colorida quando na verdade quer um relacionamento sério é mentir. Além disso, não é digno – equivale a pedir para ser voluntária em uma empresa que não quis contratá-la.
- ***Preste atenção em você.*** Se você se ouve racionalizar, minimizar, justificar ou negar o comportamento de um homem, pode ter certeza de que alguma coisa está acontecendo. É aí que começa o autoengano. Não significa que precisa terminar tudo com o cara. Mas significa que você precisa acordar.
- ***Desenterre.*** É a melhor forma de evitar o autoengano. Inicie um diálogo ativo com a parte de sua mente que sempre sabe a verdade. Esteja disposta a descobrir o que há por baixo do nível de sua percepção consciente.

9. Você é um cara

Ou como fazer aflorar seu elemento feminino e perceber que você é um verdadeiro prêmio

1. Às vezes você sente que, se não fosse pelo sexo, não precisaria de um homem para nada?
2. Quando você conhece um cara de quem gosta, tende a correr atrás dele ou a facilitar as coisas para ele sair com você?
3. Às vezes você usa o sexo como modo de se sentir no controle de um novo relacionamento?

Podemos falar da Beyoncé por um instante? Não sobre ela ser linda, talentosa, poderosa e rica (tão rica!). Nem sobre ela ser casada com um cara superfamoso com quem acabou de ter uma filha (Jay-Z e uma bebê chamada Blue Ivy, caso não acompanhe as notícias). Muito menos sobre ela ser tão bem-sucedida a ponto de não me surpreender se ela e a mãe dela tiverem descoberto um jeito de fazer seus cabelos já nascerem loiros, além de tudo o que estão fazendo com aquela coleção de moda. É tudo muito interessante, mas não é por isso que estou dedicando um parágrafo inteiro a uma estrela pop em meu livro engraçado, meio autoajuda, meio irmãzona, meio espiritual e sem rodeios sobre por que você não se casou.

Estou fazendo isso porque Beyoncé é como uma versão que canta e dança da jornalista da CNN Christiane Amanpour – é uma correspondente noticiando direto do front homem/mulher. Seus maiores sucessos – "Independent Women", "Run the World (Girls)" e, é claro, a onipresente "Single Ladies (Put a Ring on It)" – resumem algo tão básico, tão significativo, tão importante e tão passível de *conserto* sobre o que está acontecendo com as mulheres que quero dedicar um capítulo inteiro a isso.

É algo que, se nenhuma das outras coisas se aplica e você está começando a suspeitar de que existe um problema intangível em você que afasta o amor, mas não tem ideia do que possa ser, tenho 97% de certeza de que é no mínimo parte dessa causa desconhecida, e provavelmente uma grande parte. E esse *algo* é: *você age como um cara.*

Ouça com mais atenção aquelas músicas da Beyoncé – as mulheres retratadas nelas são profundamente autoconfiantes. Ganham dinheiro, compram suas próprias coisas, transam com os homens e, quando terminam, elas os mandam voltar para casa. Não que seja ruim, não precisamos voltar para o tempo em que as mulheres precisavam depender dos homens para tudo, mas alguém ficou surpreso ao ver que o cara da música "Single Ladies" não se casou com a moça? Uma pergunta melhor seria: por que ele se casaria? Você não precisa dele para nada! Todo mundo sabe que os homens gostam de *fazer* coisas, e não de ficar só olhando enquanto você faz.

Na verdade, toda essa situação de agir-como-um--cara me remete a um dos maiores segredos do mundo da vida a dois, e um dos motivos pelos quais sei que posso afirmar com certeza que você está muito mais perto do que pensa de encontrar seu parceiro perfeitamente imperfeito. Você não precisa ser modelo de capa de revista para encontrar um excelente marido. Pode ser uma menina comum, mas, se tiver essa coisa, essa coisa sobre a qual passarei um capítulo inteiro falando, descobrirá que os homens ficarão atraídos por você como nunca ficaram antes.

E a boa notícia é que *você já tem essa coisa.* Todas as mulheres têm. Você nasceu com ela. Só precisa deixar... acontecer.

A verdade por trás disso

Estou falando de sua *feminilidade.* Algumas pessoas chamam de "energia feminina", "princípio feminino", "feminino sagrado" e talvez até algo ridículo como "feminino selvagem", mas o significado é basicamente o mesmo – trata-se de estar arraigada ao *aspecto feminino da vida.* É tão importante que, de agora em diante, passarei a chamá-la de o Feminino, com *F* maiúsculo.

E o que é o Feminino? Bem, não tem a ver (necessariamente) com babados, saltos altos, unicórnios e arco-íris. O Feminino a que estou me referindo é algo que existe em homens e mulheres, assim como ambos têm o lado Masculino. E, assim como a Terra tem o polo norte e o polo sul, os opostos se atraem.

Os chineses até criaram um símbolo para ilustrar essa polaridade Masculino/Feminino – o yin/yang.

Você já viu antes, provavelmente em uma livraria, perto dos cristais, ou em forma de tatuagem em uma garota que cheira a patchuli. Aqui está ele:

Yin = Feminino. Yang = Masculino. Na filosofia oriental, essas duas "coisas" (estou usando essa palavra bem livremente) não são distintas ou opostas, mas inter-relacionadas, *parte de um todo* – nadando juntas, perseguindo uma à outra, inseparáveis. São *energias* aparentemente opostas, mas na verdade conectadas, como dois lados de uma gangorra. Relacionamentos íntimos sempre contêm uma interação entre essas duas forças, o Masculino e o Feminino. Em um relacionamento, as duas pessoas não podem ter o mesmo papel, na mesma hora, da mesma maneira que, se duas pessoas estão em um salão de baile, apenas uma estará dançando de costas; ou que duas pessoas não podem dirigir um carro ao mesmo tempo. Não estou nem falando de orientação sexual. Vale tanto para casais do mesmo sexo (em que uma pessoa assume mais o papel que seria do marido e a outra o da esposa) quanto para casais homem-mulher.

Você já deve saber intuitivamente como são essas duas energias, mas quero dar mais detalhes de como funciona. O Masculino conquista coisas. Ele *pensa* (em oposição a *sentir*), discute, constrói pontes e arranha-céus, está atento aos resultados, ganha dinheiro, vai para a Lua e joga para *ganhar*. É curto e grosso. Quer se descarregar: em um cafofo masculino, ou assistindo ao jogo, ou sentado com outros homens sem dizer muita coisa. Acima de tudo, quer ser livre.

O Feminino é o motivo pelo qual você está lendo este livro. Tem a ver com relacionamento, conexão, o impulso de amar e cuidar. O Feminino quer criar um lar, cultivar um jardim, formar uma família, pendurar cortinas e sentir profundamente as pessoas que estão à sua volta. Ele quer estar em comunidade – principalmente com outras mulheres – e formar a sociedade estabelecendo limites para o Masculino que, sem a presença do Feminino, tende a ver pessoas e coisas (tipo o planeta) como recursos a serem explorados, e não a serem cuidados. O Feminino é suave, selvagem, imprevisível e belo – como a natureza. Mais do que tudo, o Feminino quer amar. Quando se trata de relacionamentos, essas duas energias se atraem. E também libertam a força uma da outra.

O negócio é o seguinte: se você é uma garota padrão que vai trabalhar todos os dias e concentra-se em executar tarefas e completá-las de uma forma direcionada, linear e focada, está passando a maior parte de seu tempo no lado Masculino. E se está passando a maior parte de seu tempo no lado Masculino sem fazer nada para desenvolver o lado Feminino, pode chegar na casa dos trinta anos com muita coisa a oferecer para um homem – mas, aparentemente, sem a capacidade de atraí-lo. E não é porque você está ficando mais velha. É porque desenvolveu em demasia seu elemento Masculino.

Dá para ver muito isso em profissionais mulheres (digo isso como uma profissional mulher). As qualidades necessárias para desenvolver uma vida profissional incrível são exatamente as mesmas que acabarão com sua vida amorosa. Isso *não* quer dizer que eu pense que as mulheres devem largar seus empregos e entrar para um grupo de costura. Seria muito simplista. O que estou dizendo é que o seu Feminino é um dom, e é um dom que *você* – a mulher de seu relacionamento – concordou em levar (como deve levar um prato de comida para um almoço coletivo), provavelmente sem nem se dar conta. Um homem *poderia* levar. Só que, via de regra, ele não leva. E nem quer levar.

Na minha cabeça, tentar conduzir um relacionamento partindo de seu Masculino é como um destro escrevendo com a mão esquerda – é possível, mas não flui bem. O Masculino não é o centro de sua força como mulher.

Como abraçar seu elemento Feminino? Bem, no início praticar o princípio Feminino em uma parceria vai parecer o Dia do Contrário. Você vai ter que parar de fazer algumas coisas tão naturais que não deve nem saber que está fazendo. Depois vai começar a fazer umas coisas que serão irritantes logo de cara. Aqui vão alguns exemplos:

1. *Esteja disposta a precisar dele.* Antes, eu brinquei dizendo que os homens gostam de fazer coisas – e isso é verdade. Mas o desejo de *fazer* surge de uma necessidade mais profunda: a de ser útil para você. E se você não consegue precisar de um homem, ele não pode ser útil. Quando digo precisar, não estou dizendo que você é *carente.* Estou dizendo para permitir que ele sirva você. Permitir que seja importante para você. Deixar que ele ocupe um lugar no fundo do seu coração – e do seu corpo – a ponto de, se ele partir, você ficar magoada. Se ele não pode magoá-la, você ainda está muito na defensiva.

2. *Pare de discutir.* Se você é como eu, essa é uma tarefa muito difícil. Se está falando com um homem e

tentando estar certa, você está em sua energia Masculina. Não é problema se estiver no trabalho, mas supostamente você não está tentando transar com ninguém do trabalho. Com o seu homem, você tem um objetivo diferente – amar. E, em poucas palavras, discussões não geram amor. A discussão é, por definição, centrada nas diferenças. Às vezes, uma boa discussão pode ser estimulante em um relacionamento, mas somente quando você conseguir manter o *amor* maior do que a briga e sua necessidade de estar certa.

3. *Abra-se.* Outra exigência para uma relação amorosa é a abertura. Abrir-se é desafiador. Nossa vida é agitada e estressante, e existem milhões de coisinhas todos os dias que podem fazer com que você queira se fechar: transporte, impostos e aquele idiota do setor de vendas, apenas para citar alguns. Imagine que seu coração tem uma luz cor-de-rosa que brilha. Vire a luz para cima e direcione-a. Aponte-a para todos os lados como se fosse um extraordinário farol rosa. Sei que parece brega, mas você vai ficar *chocada* com a rapidez da resposta. Os homens vão se aglomerar à sua volta. Assim como mulheres e crianças.

Se eu pudesse resumir toda essa coisa do princípio Feminino em uma palavra, ela seria “suavizar”. Você não precisa mais se proteger nem se defender. Sei que é uma coisa radical de se dizer. A maioria das pessoas anda por aí acreditando que precisa se proteger para não se magoar. Mas, se você desenvolver totalmente seu elemento Feminino, vai parar de fazer isso.

Você pode assumir o risco por algumas razões. Primeiro, se você se amar muito e só entrar em relacionamentos sexuais profundos com homens que já estiverem completamente comprometidos com você, não precisará se proteger como vinha fazendo. Você saberá que seu homem a ama e a apoia porque estabeleceu isso *antes* de criar tantos laços com ele. Não significa que ele nunca vai magoá-la – pois vai –, mas não será algo regado a desprezo e insensibilidade só porque o relacionamento de vocês é apenas casual.

Ainda mais importante, no entanto, é que quando está cultivando o seu Feminino de modo consciente você pratica a conexão com o intangível e o invisível – a fonte. Falaremos mais sobre a fonte no Capítulo 10, mas aqui isso significa que, na verdade, *você nunca pode ser magoada para valer*. Ninguém pode. Há um lugar dentro de cada pessoa (dentro de você) que está sempre em segurança, aconteça o que acontecer. Não por estar isolado do mundo, mas por ser algo que vai *além* desse mundo – um lugar de amor infinito que você passa a conhecer quando se aprofunda no Feminino. É nisso que está se fundamentando, e é por isso que pode ser uma presença amorosa na vida de seu homem, de seus filhos e de todos os que a cercam – mesmo quando a privada está entupida e não há nada na geladeira para o jantar. Porque você está *conectada* a algo maior.

Você pode achar que tudo o que estou dizendo é meio pirado, mas esse lugar de que estou falando já pertence a você. Está em você. Só que nossos dons especiais – a intuição, o mundo centrado no sentimento, a capacidade de se relacionar e a habilidade de *atrair* o que precisamos, ver o intangível e ser fonte de vida – não são valorizados pelo mundo do mesmo modo que a sociedade valoriza a ciência espacial, as operações financeiras, o futebol ou, em geral, a forma masculina de estar no mundo. Na era tecnológica, muitas de nós, mulheres, abandonamos os aspectos Femininos de nosso ser. Não de propósito. Mas esquecemos o que eles são, como funcionam nos relacionamentos e o porquê de precisarmos deles – em parte porque não houve ninguém acima de nós para transmitir a sabedoria coletiva. Assim como precisei comprar um livro para aprender a cuidar do meu bebê.

É hora de recuperarmos tudo isso, porque senão fica faltando um ingrediente fundamental para o sucesso em nossos relacionamentos. O legal é que, enquanto você estiver desenvolvendo esse ingrediente dentro de si e levando-o para o relacionamento com os homens, também estará levando-o para o mundo. Um homem que está amando, namorando ou morando com uma mulher profundamente ciente de seu Feminino e fundamentada nele é, em poucas palavras, um homem melhor, mais consciente e mais *pé no chão.*

Por que Valerie não se casou

Minha amiga Valerie não tem ideia de que ter o lado Masculino muito desenvolvido está causando problemas em sua vida amorosa. Não é porque ela tem um ótimo emprego na área comercial de uma estação de rádio e ganha muito dinheiro. E não é porque ela ama esportes, veste calças, escala montanhas, tem cabelo curto ou qualquer outra coisa que possa cair na definição tradicional do que constitui a masculinidade. Essas coisas podem ser mais associadas aos homens, mas não vão necessariamente afetar os relacionamentos de Valerie.

Estou dizendo que Valerie está em seu Masculino porque ela não sabe como *deixar um homem se aproximar.* Ela não se vê como uma força de atração. Ela se vê como uma força produtiva. Uma força que identifica o que ela quer e corre atrás. E ela leva isso ao mundo dos relacionamentos. Quando Valerie chega a uma festa, analisa o local para ver quais caras parecem interessantes. Quando vê um deles, normalmente não hesita em ir até lá e puxar conversa. Ela já deu o número de telefone para alguns caras e, quando eles não o usaram, ela ligou, mandou mensagem ou e-mail. Às vezes eles saem com ela, e às vezes fazem sexo com ela. Ela classifica esses encontros como sucessos.

Eu não! Esse estilo de relacionamento pode funcionar para uma mulher interessada em entreter-se e fazer sexo por diversão por um tempo, mas *não* é o melhor jeito de iniciar um compromisso para toda a vida. Valerie vai precisar cultivar o Feminino para isso. Como minha assessora de TV diria, Valerie vai ter que deixar o jogo ir até ela. Mas ela insiste que não faz mal as mulheres ligarem para os homens – diz que essa coisa de papel social é uma idiotice e que não quer "fazer joguinhos". Em sua cabeça, as mulheres lutaram pelo direito de igualdade – e isso significa agir exatamente como os homens em todas as áreas da vida. O que Valerie parece não perceber é que, após mais de uma década de encontros em pé de "igualdade", ela não está em um relacionamento duradouro com *nenhum* de seus candidatos (sei que existem exceções, mas, como eu disse, é provável que para estar lendo este livro você não seja uma delas).

Para uma maioria significativa dos homens, o que Valerie está fazendo, o modo como se comporta com eles, não é atraente. E não estou me referindo a seu rosto e seu corpo (que são bonitos). Estou dizendo que, se há milhões de partículas flutuando por aí, quais vão colar em Valerie – se é que vão?

Deixe-me tentar outra metáfora. Um relacionamento pode ser comparado a pilhas de um, digamos, vibrador. Há um polo positivo (Masculino) e um polo negativo (Feminino). Para o troço começar a vibrar, é preciso que os positivos toquem os negativos. Dois positivos e nada acontece. Dois negativos e nada acontece. Os diferentes tipos de energia precisam estar alinhados com seus opostos se você quiser fazer o negócio vibrar. E ele não vai fazer *você* vibrar se não estiver vibrando primeiro.

Veja, Valerie está matando seus relacionamentos por "positividade" excessiva.

Observações da minha vida como esposa, namoradeira não-muito-bem-sucedida e mãe

Quando comecei como esposa, estava bem naturalmente em meu elemento Feminino. Por quê? Porque eu só tinha dezenove anos. Ainda estava ondeando como o oceano (água é um símbolo poderoso do yin), imaginando o que faria da minha vida. Não surpreende que eu atraísse o tipo masculino de cara que era o meu primeiro marido. Ele havia acabado de entrar em uma empresa listada entre as quinhentas melhores pela revista *Fortune* e estava subindo (hierarquias são coisa de homem) o mais rápido que podia. Sem dúvida ele gostava da ideia de que eu fosse alguém de quem ele pudesse cuidar, e sem dúvida aquilo fazia com que ele se sentisse poderoso, como um homem. Sim, é uma definição simples de homem – mas, em linhas gerais, é uma definição que muitas pessoas adotam. Principalmente os homens.

Dez anos depois, eu havia me tornado muito mais poderosa no mundo. Tinha me divorciado do primeiro marido aos 22, terminado a faculdade, mudado para o outro lado do país, juntado algum dinheiro e estabelecido uma carreira quase incrível em telejornalismo. Estava indo muito bem, exceto por uma coisa: sempre comprometida com alguém desde os quinze anos, praticamente sem interrupções, de repente eu estava com dificuldades para atrair os homens – bem no momento em que eu estava pronta para me estabelecer e ter um filho. Não tinha ideia do porquê.

Só sabia que garotas que eu considerava magrelas ou mesmo feiosas pareciam estar se dando muito melhor do que eu. E isso me deixava irritada. Eu queria me sentir superior a essas garotas – afinal, quais eram as conquistas *delas*? –, mas era difícil, pois elas pareciam fazer muito mais sucesso com os homens do que eu. E, por mais que eu odeie admitir, fazer sucesso com os homens era importante para mim. Eu desejava ser desejada.

Nessa época, comecei a estudar o I Ching e o Feminino sagrado e comecei a ver o que estava perdendo. Não que eu precisasse ficar mais magra, nem que precisasse me "diminuir" em nenhum sentido, mas precisava me fundamentar. Precisava desenvolver o meu elemento Feminino.

A princípio, *odiei* a ideia. Afinal, eu me considerava feminista, mesmo que em meados da década de 90 não tivesse mais muita certeza do que isso significava. No entando, eu também sabia que o que estava fazendo não funcionava de jeito nenhum. Ainda assim, não estava prestes a fazer o que eu entendia como "ceder". Persisti naquele comportamento azar-se-der-certo-azar-se-der-errado por mais alguns anos.

Então, tive a sorte de engravidar de um cara muito legal que havia começado a namorar e nove meses depois dei à luz um lindo menino. E no processo de rendição forçada conhecido como maternidade tive o primeiro conhecimento profundo do que realmente significava seguir o poder Feminino.

A maternidade me obrigou a aprender como abrir mão de objetivos, de planos e do "fazer do meu jeito".

Entrei em um mundo não de cronogramas, mas de *ciclos*: comer, dormir, acordar e brincar. Precisei entrar em sintonia com um lado meu completamente novo: o que entende as coisas intuitivamente, o capaz de escutar a respiração de um bebê no quarto ao lado, o que consegue preparar um lanchinho irado. Descobri um centro criativo dentro de mim – entrei para uma banda, comecei a escrever música, plantei um lindo jardim e aprendi a manter minha casa limpa. Coisas para as quais não ligava muito quando era uma trabalhadora Masculina que usava roupinhas bonitas.

O maior choque veio quando, alguns anos depois, eu me vi solteira novamente, mas dessa vez as coisas estavam diferentes. De repente, montes de caras queriam sair comigo. Como assim?

Faça com que eles queiram ser homens melhores

Minha amiga Lucia passou por uma situação interessante outro dia que me fez pensar sobre ser fundamentada no Feminino. Marcaram para ela um encontro às cegas com um executivo muito qualificado, bonito e bem-sucedido – o tipo de cara que ganha as mulheres quando diz "eu estudei poesia". Fatura milhões *e* é sensível? Vamos escolher o vestido de noiva!

Mas esse cara também fez uma coisa nada legal. Por e-mail, ele e Lucia combinaram um provável encontro para terça-feira (uma semana depois), e depois eles não se falaram mais até a meia-noite e meia de terça (tecnicamente, manhã de quarta). O Homem Poesia disse (poeticamente, é claro) que teve um jantar importante com colegas de trabalho e perguntou se poderiam tomar um drinque na noite seguinte (tecnicamente, aquela noite). Lucia queria saber o que eu achava que ela deveria fazer. Mandei a ela o seguinte e-mail:

Cara Lucia:
Em primeiro lugar, *isso é ridículo*. Ele sabia que o combinado era terça – por isso arrumou uma desculpa e mandou um e-mail naquela noite. Então por que não ir direto ao ponto? Eu seria *completamente* sincera com ele. Se sentisse que há alguma coisa nesse cara, aceitaria tomar um drinque e, chegando lá, seria bem direta:

Você: Quase não vim me encontrar com você hoje à noite. *(Sorriso)*
Ele: Sério? Por quê?
Você: Porque você fez aquela idiotice de me mandar um e-mail, na noite em que deveríamos sair, me convidando para tomar um drinque na noite seguinte. Tecnicamente, na mesma noite.
Ele: *(Sem fala)*
Você: Normalmente eu nem responderia, mas você estudou poesia e eu senti que talvez pudesse haver algo mais, então... estou dando outra chance. Mas... (*sorriso)* só quero que saiba desde já que não costumo fazer isso. *(Piscadinha, sorriso)*

Duas coisas podem acontecer: ou (1) ele vai entender e, se achar realmente que você é a mulher para ele, vai mudar e nunca mais fazer isso de novo ou (2) ele nunca vai voltar a ligar. Você sai ganhando das duas formas. Duvido muito que ele (3) continue saindo com você e agindo como um cretino, mas existe quem faça isso. E um grande executivo pode cair facilmente nesse grupo! Sempre lembre-se de amar a si mesma mais do que a ele.

Bjs

Tracy

Nós trocamos dezesseis e-mails ao todo, e eu disse a Lucia que naquele momento o cara descobriria se ela deixaria que ele fosse mau-caráter. Se deixasse, ele saberia que poderia ser negligente pelo resto do relacionamento. Se não deixasse, teria que apostar tudo ou abandonar o jogo.

Acredito piamente que os homens *realmente querem* uma mulher que os force a apostar tudo. Foi por isso que Jack Nicholson ganhou um Oscar por dizer a Helen Hunt que ela fez dele um homem melhor em *Melhor é impossível*. Há algo no Feminino que eleva um homem – e que todas nós entendemos intuitivamente.

Quanto a Lucia, ela deixou o cara de lado sem nem sair para tomar aquele drinque. Mulher forte.

Algumas coisas relevantes sobre os homens

Não fiquei nem um pouco mais bonita e, como agora era mãe, também tinha um moleque incontrolável de três anos e uma perseguida com alguns milhares de quilômetros rodados a mais. Então por que os homens de repente me achavam atraente quando antes eu não conseguia pegar nem clamídia? O que havia mudado?

Para resumir, eu tinha mudado.

Agora eu não só era capaz de preparar um lanchinho, mas também de me *sintonizar* de verdade a outra pessoa – por exemplo, um homem. Eu podia lidar com alguém que não estivesse focado em mim, alguém que – isso foi muito importante – possivelmente nem estivesse me fazendo feliz. Como alguém tendo um faniquito, precisando jantar, ou se comunicando só por gestos. Por favor, entenda o que estou querendo dizer. Não estou afirmando que homens são crianças (mas, mesmo se estivesse, isso não seria algo ruim; as pessoas são crianças). Estou dizendo que ser uma mulher capaz de lidar com os próprios sentimentos perto de outro ser humano por vezes muito irracional é um requisito importante para construir um casamento. E antes de desenvolver meu lado Feminino eu não sabia como fazer isso.

O que me levou à minha grande epifania a respeito dos homens: *eles precisam de nós.*

Ah, eu sei que a cultura popular insiste em dizer que o que os homens realmente querem é fazer sexo com uma mulher diferente a cada noite. E em certo nível – no nível animal, eu acho – isso pode ser verdade (eu amo ser um animal, assim como todo mundo, portanto não acho que seja de todo ruim). Mas minha pergunta é a seguinte: por que eles não fazem isso? Por que um homem se casaria? Principalmente agora. No século XXI, ninguém *precisa* se casar.

Acho que a resposta é que existe uma coisa que os homens querem *mais ainda* do que fazer sexo com uma mulher diferente a cada noite. Algo de que precisam:

uma fonte sólida de energia Feminina em sua vida que os ajudará a se fundamentarem emocionalmente e espiritualmente e os ajudará a se expandirem no mundo (ok, nem todos eles: George Clooney obviamente está satisfeito com uma amiga de trinta e poucos anos a cada dois anos, mais ou menos). E, a menos que tenham alguma outra fonte de elemento Feminino na vida – por exemplo, se são surfistas e passam muito tempo no mar ou se estão sendo nutridos por alguma atividade criativa, como uma banda –, a grande maioria dos homens receberá isso de sua mulher.

Isso se dá também em nível biológico. Se um cara derrama sua, hum, semente no chão, nada acontece. É só um monte de qualquer coisa. Mas se a deposita em um belo e sedutor ser Feminino – bem, nascem bebês. Os genes do cara conseguem passar para a próxima geração. O mesmo vale para o trabalho de um homem e tudo mais que ele esteja tentando trazer ao mundo. Com um bom relacionamento, um homem liga-se a um ser Feminino fértil e se torna capaz de conquistar mais do que conseguiria por conta própria. É esse o significado da frase "Por trás de todo grande homem existe uma grande mulher".

A dúvida que você tem agora é: como se tornar uma dessas mulheres com uma grande fonte de energia Feminina?

O que você terá que mudar

Bem, você não precisa se tornar mãe, como eu fiz – embora seja uma forma de cultivar seu eu Feminino. O que deve mesmo tentar fazer é virar sua pilha ao contrário, do polo positivo para o negativo, pelo menos durante parte do dia. O ideal seria aprender a alternar entre o Masculino e o Feminino, dependendo da energia necessária em cada situação. Como ser capaz de escrever com qualquer uma das mãos.

Aqui vão três formas simples de começar a mudar sua percepção sobre si mesma mais em direção ao Feminino:

1. *Você é uma força de atração.* Você quer começar a ver a si mesma como força de atração. Comece vendo como já atrai pessoas, ideias e coisas. Por exemplo, quando sair para almoçar, faça uma experiência. Fique atenta a si mesma enquanto estiver na fila, sentada e comendo. Veja quem olha para você. Quem está percebendo sua energia e está *atraído* por ela? Quando sentir que está atraindo alguém – homem ou mulher, velho ou jovem, até mesmo cachorros e bebês –, sorria! Afirme o fato de ser uma criatura atraente. Desfrute da sensação. Lembre-se, o Feminino *sente.* Ele opera no nível da emoção e da sensação.

2. *Você é um prêmio.* Quando estiver começando a sentir o campo de energia da atração, comece a pensar em si mesma como um *prêmio.* Porque você é! Você tem o que qualquer homem do planeta precisa para satisfazer suas duas ambições: passar seus genes adiante e construir coisas no mundo. Você precisa começar a ver a si mesma como fonte dessa energia realmente poderosa. Essa energia é algo que você está construindo – "estimulando", se preferir – enquanto continua a desenvolver o seu elemento Feminino. Essa história de você ser um prêmio também estabelece uma nova abordagem em relação aos homens a partir de agora. Ou seja...

3. *Deixe o jogo ir até você.* Em termos biológicos, você é o óvulo. O óvulo só tem uma chance, então é melhor que seja boa. É por isso que ele precisa ser tão

exigente sobre quem pode ou não entrar. De todo o esperma que está tentando chegar a você, o óvulo só quer que o melhor de todos os "homens" faça o serviço.

As mulheres fundamentadas em seu elemento Feminino entendem que seu investimento no óvulo é *muito, muito, muito, muito, muito* maior do que o investimento do homem no esperma. Homens são fábricas de espermatozoides: eles liberam 56 zilhões desses cretininhos todos os dias. Você tem um óvulo por mês e, se deixar alguém fertilizá-lo, serão mais de dezoito anos de sua vida investindo nesse óvulo. *É claro* que você precisa ser seletiva.

É por isso que quero que Valerie pare de agir como se o esperma fosse o prêmio. Espermatozoides são baratos. *Óvulos* são o prêmio! Você (e Valerie) não precisam saber se um homem quer comer vocês – em outras palavras, doar seu esperma. A resposta seguramente será *sim*! O que precisa saber é: *aquele cara vai mandar seu óvulo para a faculdade?* E se um cara nem se der ao trabalho de telefonar ou de atravessar o recinto para falar com você, pode ter certeza de que a resposta a essa pergunta será um grande e redondo *não*.

E é por isso que, de agora em diante, você não precisa facilitar as coisas para que um homem a convide para sair. Posso afirmar que um cara que teve a cabeça atingida pelo entendimento intuitivo de que você é o que ele precisa – a fonte da energia Feminina que ele precisa – moverá montanhas e aguentará toneladas de suas bobagens para ficar com você. Porque os homens são assim, quando pensam que querem alguma coisa, não são dissuadidos facilmente.

Deixe-me dizer mais uma coisa: os homens sentem-se *mais poderosos* – no bom sentido – ao lado de uma mulher fundamentada em seu elemento Feminino. Não se trata apenas de atraí-lo. Também tem a ver com o modo como você convive com ele uma vez dentro de um relacionamento. O Feminino estabelece o tom no lar. Quando estou em contato saudável com meu lado Feminino – o que, para mim, significa cultivar minha relação com a terra, cuidar, criar coisas belas e expressar emoções –, tudo em minha casa, ao meu redor, fica mais fundamentado também.

Veja o que diz a sabedoria popular: "Esposa feliz, lar feliz".

Não aceite o cartão dele

Quando um cara me dá seu número de telefone e diz para eu ligar, nego com a cabeça e dou um sorriso doce. "Ah, eu não telefono para homens", digo, sem rodeios. Isso sempre chama a atenção deles. Normalmente, inclinam a cabeça e olham para mim, pois percebem que está acontecendo alguma coisa diferente. Alguma coisa com a qual não estão acostumados.

Também acho que eles ficam instantaneamente *mais atraídos por mim*. Não necessariamente do ponto de vista sexual – tem mais a ver com o cara ser obrigado a "intervir" para descobrir por que estou dizendo a ele que não tenho intenção alguma de ligar. Jamais. É verdade que os homens gostam de um desafio e, quando alguém diz que eles vão precisar *fazer alguma coisa* para pelo menos serem considerados, ficam imediatamente curiosos. Um homem pode não estar acostumado a lidar com uma mulher que aborda o encontro a partir desse ponto de vista, mas quase todos respondem a esse método.

Esse é o yin/yang disso tudo. Quando você está em seu elemento Feminino, o cara vai assumir o Masculino ou ficar confuso e ir embora. E se ele for embora, *eba!* Você não quer passar o resto da vida com um cara que esteja fazendo o equivalente metafórico a entregar um cartão e pedir para você ligar para ele.

Recursos espirituais que podem ajudá-la a mudar

Toda essa coisa de Feminino parece divertida, não é? Os caras chegam em você para pedir seu telefone, ligam e imploram para você se comprometer – o que poderia haver de ruim nisso? Bem, não é tão simples assim. Porque, do ponto de vista espiritual, tudo isso tem a ver com *receber*. Outro modo de dizer isso é *permitir*. O que soa bem até que você se dá conta de que, no quesito namoro, terá que aprender um modo totalmente novo de fazer as coisas.

Quando você está saindo com um cara há um mês e está tudo muito bem, mas ele não liga nem manda mensagem por um ou (deus me livre) dois dias seguidos, sua mente começa a pensar em uma premissa para entrar em contato. Se você esteve em seu elemento Masculino a vida toda, será estranho não tomar uma atitude. Afinal, você sabe como fazer as coisas acontecerem! Mas resista a essa tentação. Lembre-se de que só precisa saber uma coisa: *o quanto ele quer você?* O suficiente para pagar o casamento dos seus óvulos?

Veja como é seu elemento Feminino na prática. Quando você conhece um homem, vai ter que ver se ele gosta de você. Vai saber se ele gostar, porque ele vai tentar sair com você e estar em sua presença. Lembre-se, ele quer absorver sua energia! Ele pode dar umas voltas *de leve* no começo, mas, falando em linhas gerais, se ele gostar de você vai se aproximar em linha reta. E, se fizer isso, você vai praticar recebê-lo – receber sua atenção, suas ideias, sua existência. Se estava em seu elemento Masculino esse tempo todo, você vai querer conduzi-lo: apontar aquela vaga para estacionar bem ali, dar sugestões sobre sua carreira ou opiniões sobre sua infância. Em vez de mergulhar em tudo isso, fique do lado do destinatário nessa gangorra. Observe o que acontece! O homem certamente revelará um lado dele que você nunca viu em seus outros namoros.

Quando você está saindo com um cara de quem realmente gosta, oportunidades de permanecer em seu elemento Feminino chegarão com tudo. Porque, de certo modo, essa coisa de namoro tem a ver com o quanto você está fundamentada em seu Feminino. Você terá que perder o hábito de tentar exercer todo tipo de controle sobre os resultados (mas só quando se tratam de seus relacionamentos íntimos – ainda pode ser tão poderosa quanto quiser no trabalho). Se parecer um teste, é porque é – um teste para ver se você é capaz de amar a si mais do que ama ao outro, aconteça o que acontecer. É uma qualificação importantíssima em uma parceria.

Ao mesmo tempo em que está ocupada construindo essa parceria importante, você vai querer observar esse homem para ver como ele vive a vida. Já que, se vocês se casarem, aquela será a *sua* vida. Como minha amiga cabeleireira disse: *homens nunca mudam.* Não é bem assim. Eles podem melhorar um pouco, ou até bastante, mas se um cara é um labrador a única coisa que o casamento pode fazer é transformá-lo em um labrador melhor (ou talvez em um pior). Ele nunca vai se transformar em, digamos, um dobermann.

Enquanto você pratica essa coisa de permitir/receber durante o namoro, vai perceber no corpo uma nova e delicada sensação chamada *vulnerabilidade*. A sensação não é muito boa, pelo menos no início. Dá a impressão de que você pode ser muito machucada por um cara, principalmente porque é verdade. Se não estiver fazendo nada para se proteger – erguendo muros, sendo sarcástica ou pulando direto para o sexo (porque o sexo dá sensação de poder e às vezes acaba reduzindo a ansiedade de ser vulnerável no relacionamento) –, é bem possível que você se sinta muito mal. Pode haver ansiedade e lágrimas, além de um desejo muito intenso de fugir do relacionamento.

Não se preocupe! É um bom sinal. *É o medo de intimidade que você teve esse tempo todo.* É parte do motivo pelo qual você nunca quis estar em seu elemento Feminino – é desafiador ser vulnerável. Mas posso garantir que você vai se acostumar e, assim que o fizer, descobrirá todo um novo tipo de poder.

O poder vem de saber que o cara que está com você está com você por amor e por vontade própria. Quando você relaxa em seu princípio Feminino, quando não está tentando "conseguir" nada de um homem, o Masculino pode *escolhê-la*. Você não está cruzando a fronteira para caçá-lo e matá-lo, e ele é capaz de sentir isso. Essa é a essência espiritual do comprometimento: a pessoa estar em um relacionamento por escolha própria.

Porque você é o prêmio.

O que você sabe agora que deixará seu próximo namorado muito feliz

Vamos resumir o que vimos no Capítulo 9:

- ***Você está agindo como um cara.*** É claro que não faz mal ganhar muito dinheiro ou ser fã de esportes. Mas, no setor de relacionamentos, comece a ver a si mesma como uma força de atração.

- ***Você é o prêmio.*** Não é necessário saber se um homem está disposto a fazer sexo com você. É necessário saber se ele está disposto a atravessar uma sala, pedir seu telefone e depois ligar. Se não estiver, ele não é o seu homem. Parta para outra.

- ***Não precisa ser "mulherzinha".*** Desenvolver o seu lado Feminino não tem nada a ver com usar rosa ou rebaixar-se. Tem a ver com estar fundamentada em um profundo conhecimento de ciclos, de intuição, de *outro* tipo de poder criativo. Ele já existe, só precisa ser desenvolvido.

- ***Pratique a receptividade.*** Ame a si mesma e a sua vida mais do que ama a um homem. Confie que conseguirá aquilo de que precisa.

- ***Seja vulnerável.*** Relacionar-se partindo de seu elemento Feminino pode ser assustador. Você ficará tentada a recorrer ao Masculino como defesa. Não faça isso! Você não precisa se proteger do homem que quer construir um futuro ao seu lado; você quer *se unir* a ele.

10. Você não tem um deus

Ou se você pudesse mudar sozinha, já teria mudado

1. Existe uma parte de você que se tornou cética em relação às possibilidades de encontrar o amor?
2. Existe outra parte de você que, lá no fundo, acredita em algo ainda mais poderoso do que o acaso?
3. Você está disposta a começar a colocar essa crença em prática?

LEMBRA QUANDO EU DISSE QUE ESTE SERIA UM LIVRO ESPIRITUAL? Bem, chegamos lá.

Esse é o ponto em que sugiro a maluquice que pode fazer você arremessar o livro do outro lado da sala. Ou, espero, a maluquice que vai amarrar tudo o que discutimos nos capítulos anteriores, levar essa nossa jornada à próxima etapa e, no fim de tudo, levar a você o relacionamento – consigo mesma, com os homens, com a *vida* – que deseja. E qual é essa maluquice?

Quero que você arrume um deus (com *d* minúsculo).

Ok, sei que deus é assunto proibido para muita gente, mas o que quero dizer com deus é algo tão elástico e tão pessoal que praticamente todo mundo – até mesmo a superteimosa moça ateia – pode encontrar um que sirva. Como um daqueles vestidos dos programas de televenda, anunciados tarde da noite a US$ 29,99, que podem ser usados como frente única, tomara que caia ou saia. Sua versão de deus pode fazer o que você precisar que ela faça.

Outra coisa que posso garantir: não estou falando de um cara barbudo que mora no céu, observa você o tempo todo e vai trazer uma Mercedes e um marido se for boazinha ou puni-la se for malcriada. Isso não seria deus, seria Papai Noel. Nem estou falando de nada que pertença a uma crença específica – não é mórmon, hindu, católico, budista, nem cientólogo (a menos, é claro, que você queira que seja). Talvez você não goste da religião em que foi criada, ou talvez *ame* sua religião, ache-a o máximo e a única que poderia considerar. De qualquer forma, você está incluída. Eu só chamo de deus porque é uma palavra cujo significado todo mundo meio que sabe.

Um termo melhor pode ser "espírito". É o que faz de você quem você é – totalmente única. Alguns chamam de Inteligência Criativa. Em *Star Wars*, eles chamam de Força. Outros pensam nisso como o Eu Superior. Na filosofia oriental, é conhecido como Tao (o caminho). Putz, você pode chamar até de Jéssica! Seja qual for o nome, é a força por trás dos oceanos, da gravidade, do chocolate e dos Beatles. É o que bate em seu coração.

O espírito pertence a todas as crenças e a crença nenhuma, podendo ser encontrado em todos os lugares. É o motor que não apenas traz o tipo de relacionamento que você está procurando, mas também o conduz. Como eu disse, não existe ninguém perfeito por aí. O que *existe* por aí é alguém ao lado de quem você vai caminhar, alguém que vai caminhar ao seu lado. Como você vai saber quem é esse alguém? Como ele deve ser? E se esse alguém tiver defeitos, defeitos enormes, que a deixem com medo de se comprometer? (Pode ter certeza de que vai ser assim. Afinal, você não é perfeita, certo? Então, ele também não vai ser.) Por que você arriscaria abrir mão de seu ótimo apartamento por um cara normal que não só vai ver todos os seus defeitos, como também terá o poder de abandoná-la? Nada disso faz sentido.

A menos que decida transformar essa *história* de relacionamento em algo muito maior.

A verdade por trás disso

O que nos leva ao que realmente é discutido neste livro: *amor.* O amor é a maior coisa que nós, seres humanos, aprendemos aqui na Terra se decidirmos realmente buscar isso na vida e enxergar o que está além do dinheiro e dos prêmios. Amar alguém é aceitar a pessoa como um ser falho. Casar é dar a ela o presente de ser amada, apesar de seus defeitos. Isso inclui você.

Amor significa possibilidades, e não estou aqui repetindo aquelas frases de cartão. Estou falando sério. O espírito é a solução para o seu (suposto) "problema" de solteirice, seja o número insuficiente de homens, a necessidade de você se "conformar" com um homem ou até mesmo o fato de você ser meio vadia. O espírito torna possível conquistar (depois de ler o Capítulo 9, você já sabe que a palavra mais precisa é "atrair") coisas aparentemente impossíveis, improváveis ou que contrariem todas as expectativas, pelo menos até onde sabem os demógrafos, executivos de propaganda ou até mesmo os biólogos evolucionistas. Eles dirão que, para encontrar um par, você precisa apenas ter a idade certa, ou a beleza certa, ou o número certo de óvulos sobrando. Mas o espírito diz outra coisa.

O espírito diz que aquelas coisas podem ser factuais, mas não são *verdadeiras.* Há uma diferença. Quando o espírito se envolve em sua vida amorosa, as probabilidades deixam de existir. Não há mais demografia. São apenas duas pessoas em uma missão espiritual. E o espírito moverá montanhas e tornará possível o impossível para transformar tudo em realidade. Você sabe, lá no fundo do coração, que é verdade. Todo mundo sabe – é por isso que nunca nos cansamos de histórias de amor. Uma história de amor é apenas um lembrete de que o impossível e o improvável *podem* acontecer e *acontecem*, o tempo todo. Quero que você comprometa-se com esse conhecimento agora mesmo, porque é o seu comprometimento o que faz com que ele se concretize.

O que nos leva a outra coisa muito discutida neste livro: *transformação.* Desculpe pelo termo meio metafísico, mas é a palavra que define exatamente o que estou falando. Transformação é o processo pelo qual você passa *do que e de como* é atualmente – e talvez *do que e de como* você foi a vida inteira – para um ser *diferente*, do jeito que quer ser, do jeito que a levará à vida que deseja. Não parece incrível?

Só que o problema da transformação é o seguinte: não dá para simplesmente *fazer* acontecer. Ok, peraí, às vezes dá – no nível puramente físico. Se fizer quatrocentos abdominais, flexões e exercícios para o bíceps todos os dias, durante um mês, seu corpo começará a ficar musculoso. Mas tente transformar algo, digamos, agindo como uma megera, sendo superciumenta ou querendo sair apenas com caras que classifica como nota dez. Suas flexões não servem de nada aqui. É porque a força de vontade quando funciona, funciona; mas, quando não funciona, não funciona. E quando não funciona, o que se há de fazer?

É onde entra o espírito. Existe algo mais em cultivar e conectar-se a um sentido de força maior do que qualquer coisa existente na face da Terra – do que qualquer coisa limitada aos cinco sentidos – que pode promover mudança onde todo o resto fracassou. É a mesma força que fará surgir seu relacionamento perfeito e seus bebês – não importa como cheguem até aqui.

Então chega aquela *outra* outra coisa que um deus proporciona: *sentido*. O sentido dá à sua vida e ao que acontece nela um senso de significado ou importância. Algumas pessoas não precisam de sentido. Para elas, sentidos são desnecessários ou até mesmo indesejáveis, como se fossem o ópio do povo. Talvez você seja uma dessas pessoas (você sabe se é ou não). A maioria dos meus amigos do curso de filosofia está entre essas pessoas. No mundo deles, as coisas são totalmente aleatórias – e eles acham que está bom assim. Eu não acho. Gosto quando as coisas têm um significado. Por exemplo, em meu mundo, quando você sentou ao meu lado na autoescola foi porque havia alguma coisa tentando acontecer em minha vida e precisava de você para dar o pontapé inicial. De repente, você estava lá por uma razão. E essa razão é o que ocupará parte de nosso relacionamento. Pode até nos manter juntos de alguma forma.

Isso acontece porque, quando se dá um sentido para algo aleatório, aquilo se torna uma história e, como você já deve saber a essa altura, eu amo histórias. Acredito que todo bom relacionamento precisa de uma.

Como já disse, histórias são a maneira de os seres humanos organizarem sua experiência. Elas são superimportantes para os relacionamentos. Sem uma história, pode ser muito mais difícil saber por que você está perdendo tempo aturando as bobagens de um cara – não bobagens ofensivas, apenas normais. Bobagens cotidianas – e tenho quase certeza de que em algum momento nos próximos 45 anos de casamento você estará se perguntando por que está aturando as bobagens desse cara.

Outra coisa sobre sentidos é que você provavelmente os está criando, quer queira, quer não. Poucas pessoas – talvez com exceção de alguns dos malucos que costumavam escrever cartas aos novos âncoras quando eu trabalhava em telejornalismo – acreditam que *tudo* é aleatório. Se pressionar a maioria das pessoas, até mesmo os estudantes de filosofia, geralmente elas vão admitir que pelo menos uma vez aconteceu algo em sua vida que fez com que sentissem a presença de uma força maior – algo além do que pode ser percebido por meio dos cinco sentidos, talvez até além do que pode ser mensurado com o mais poderoso dos microscópios, telescópios ou fórmulas matemáticas. Nem tudo pode ser explicado, muito menos o casamento.

Notas da minha vida como um verdadeiro barraco

Mais ou menos durante as primeiras quatro décadas da minha vida, fui como uma casa – e estou sendo generosa comigo mesma – que não passava de um barraco. Um barraco de verdade. Por baixo de todas as camadas de tinta velha e carpete manchado, era possível ver que havia algo bom. Mas chegar a isso não seria fácil.

Além do mais, reformar minha vida, meu *eu*, parecia extremamente avassalador. Àquela altura de meu desenvolvimento espiritual, se eu não podia *ver* como uma coisa aconteceria, não acreditava que seria possível. Eu não tinha a equipe de um daqueles programas que reformam casas na TV, como o *Extreme Makeover Home Edition*, à minha disposição. Eu precisava ver para crer. Se eu não pudesse ver, não acreditava.

A questão é que eu tinha entendido tudo ao contrário. Na verdade, *crer é ver*. Não quero ficar fazendo propaganda do livro *O segredo*, mas você precisa mesmo acreditar em algo antes de poder vê-lo. Por exemplo, finja que vai inventar alguma coisa. Como, sei lá, um telefone celular. Antes de chegar à fase de juntar todas as pecinhas, você primeiro precisa imaginar-se falando ao telefone enquanto dá a volta no quarteirão, e depois precisa acreditar que *poderia, em algum universo, ser possível fazer algo assim*, mesmo que tenha passado a vida toda presa a um fio enrolado que ficava prendendo suas pernas enquanto andava pela cozinha.

Só quando estivesse comprometida com essas ideias é que você poderia começar (ou *começaria*?) a juntar as pecinhas e os trocinhos. E mesmo assim poderia demorar *anos* desenvolvendo as versões intermediárias – como o telefone sem fio que só funcionaria até o portão de sua casa.

Isso aconteceu em minha evolução pessoal também – da linha fixa onde comecei passando por todos os relacionamentos telefone-sem-fio até onde estou agora, colhendo os frutos. E estando ou não em um relacionamento, cheguei a um lugar cheio de amor-próprio.

Por que Angie não se casou

Minha vida costumava ser parecida com a de Angie – um ótimo exemplo de garota sem deus. Na verdade, não é que ela não tenha deus. É que o deus que ela tem *não vale nada.* Eis como identificar o deus de alguém: é a pessoa, o lugar ou a coisa para a qual aquele indivíduo se volta com os problemas da vida. É a coisa que, para ele, faz tudo voltar a ficar bem. É aquilo pelo que ele tem obsessão, mas normalmente não chama assim – apenas acha que gosta muito. É algo sem o qual ele não quer viver.

Para Angie, essa coisa eram os *relacionamentos.* Quando ela não está com um cara (praticamente qualquer cara serve), sente-se inquieta e infeliz. Em um relacionamento, mesmo um ruim, sua vida inteira parece melhorar. Ela consegue aguentar um dia difícil no trabalho sabendo que pode recorrer a um homem. Como uma taça de vinho no fim do dia, um parceiro (mesmo não estando comprometido de verdade ou sendo obviamente o cara errado para ela) a acalma e restaura sua vitalidade. E não é só isso: quando Angie está em um relacionamento (mesmo caótico), alguns de seus piores comportamentos atenuam-se ou mesmo desaparecem completamente – ela para de beber tanto e mal se percebe sua compulsão por limpeza. Angie sempre diz que os homens fazem bem a ela, e de certa forma é verdade. Pelo menos temporariamente.

Mas ela tem 34 anos e está começando a ficar esgotada – com ela e com eles. Porque estar em um relacionamento é tão importante para Angie sentir-se bem consigo mesma que ela sempre aplicou uma espécie de abordagem-roda-gigante em relação aos homens: enquanto um cara está no alto apreciando a paisagem, ela está ocupada acomodando alguns reservas nos assentos de baixo. Ultimamente, no entanto, parece que há menos homens dispostos a dar uma volta com Angie, e isso está afetando-a para valer. A vida parece chata e sem graça. Ela considerou tomar antidepressivos. Está ficando claro que, para Angie, os homens são mais do que apenas parceiros – são como uma força superior. Eles fazem o que aparentemente ela não consegue fazer sozinha por si mesma, que é revelar a versão mais bonita de suas paredes, piso, janelas – seu *eu*.

É assim que dá para saber que os homens são o deus de Angie. Eles têm o poder de fazer ela se sentir melhor, mais viva, mais inteira. Mas admitir que isso é um problema é muito difícil, já que praticamente tudo em nossa cultura nos diz que o amor fará com que nos sintamos inteiros, mesmo quando isso não acontece. E, da perspectiva da química, isso é verdade: o amor vem com alguns hormônios muito poderosos e coisas que fazem todo mundo se sentir renovado. A diferença é que, enquanto a maior parte das pessoas consegue deixar essa fase incrível passar para estabelecer-se na etapa seguinte do relacionamento, Angie precisa largar tudo para ter um pouco mais dessa coisa incrível.

E, para ela, incrível é um homem novo.

Algumas coisas relevantes sobre os homens

Os homens não gostam muito de ser a força superior de uma garota. Isso faz com que se sintam sensíveis, e por um bom motivo. Para começar, em nível intuitivo, os caras sabem que, se você está disposta a fazer *deles* sua força superior, também estará disposta a substituí-los pelo próximo cara fabuloso que aparecer. Eles também entendem que é um tanto quanto mentalmente instável fazer de outro ser humano, um mero mortal, sua fonte – pelo menos quando não se está na adolescência. E por último, mas não menos importante, os homens sabem que, quando você os transforma em sua fonte de energia, tenderá a fazer o que as pessoas fazem por uma força superior: *absolutamente qualquer coisa*. E isso é muito assustador.

Nenhum cara quer ficar com uma mulher que faria *qualquer coisa* para estar com ele, porque na prática "qualquer coisa" costuma significar alguma versão daquela garota que aparece chorando na soleira de sua porta ou se muda acidentalmente para o apartamento vizinho depois que ele termina o relacionamento. Também pode significar tomar qualquer atitude drástica, como engravidar ou encaminhar para o chefe ou para a mãe dele os e-mails que ele mandou para você. E nenhum homem quer isso. Os homens querem confiar em você e, se você é incapaz de viver sem um homem, será praticamente tão confiável como a participante de um concurso de miss naquela parte em que as candidatas são entrevistadas.

Você é confiável quando tem percepção de algum tipo de espírito-deus-Jeová *que não seja o seu homem*. Na discussão sobre o Feminino no Capítulo 9, vimos que o homem conecta-se à sua energia Feminina (literal e figurativamente) para expandir-se dentro do mundo. Essa energia vem da sua conexão com a sua força. Não pode vir dele.

Ter sua própria fonte de energia também muda o pH do relacionamento de três importantes formas. (1) O cara sabe que você ficará bem com ou sem ele. O que significa que (2) é melhor ele ser bom, porque você não verá problema algum em largar o traste se não for. E, talvez o mais importante, (3) quanto maior sua fonte de energia, maior será a capacidade dele em formar uma parceria com você.

Isso é a "coisa" intangível que faz um homem escolher determinada mulher para ser sua companheira. Não sua beleza, sua família ou a escola que frequentou. Tudo isso é muito legal, mas não são pontos decisivos para um bom casamento. É quando um homem sabe que em determinado relacionamento ele poderá expandir-se até se tornar a pessoa que sabe que pode ser, que se sente *motivado a assumir um compromisso.* E quando *você* tem algum tipo de força superior, é muito mais provável que isso possa acontecer.

O que você terá que mudar

Viemos falando por nove capítulos sobre como você precisa mudar. E agora chegamos a uma espécie de pergunta circular. Como se muda... para *poder* mudar? Já estabelecemos que, se você pudesse estalar os dedos e fazer acontecer, já teria feito isso. Se as pessoas pudessem fazê-lo, não haveria a realização de nenhum desejo em um seriado como *A feiticeira.* Não acharíamos interessante o fato de haver na casa ao lado uma moça loira e bonita capaz de mexer o nariz e fazer aparecer uma roupa nova, uma casa limpa ou, se fossemos nós, com a capacidade de sermos muito mais legais do que nos sentimos ou de parar de transar com homens que não nos amam. São comportamentos que se arrastam por anos, possivelmente décadas.

Mas o *xis* da questão é que, na maior parte do tempo, nós, seres humanos, ficamos paralisados do jeito que somos até que, de alguma forma, alguma *coisa* permite que nossa transformação ocorra. E o que estou sugerindo é que a *coisa* que permite que a transformação ocorra é o que vou chamar – em nome da simplicidade – de deus. Ou, mais precisamente, *deusespíritoonomequequiserdar.*

E onde você arruma um desses? Bem, a boa notícia é que você mesma pode criar um. De graça. Começando agora mesmo. Os detalhes dessa força cabem a você. É como um sorvete – você escolhe os sabores que quiser. Você decide como conceitualizá-lo, que sensação ele passa, que qualidades tem e o que pode fazer por você. A única condição é que você deve certificar-se de estar trabalhando com a versão tarja preta, e não qualquer genérico. Precisa entender uma fonte de energia que tenha força suficiente para viabilizar a transformação. O que não é tão difícil assim.

Aqui vão algumas qualidades de que gosto muito em um ser-espírito. Sinta-se à vontade para adotar qualquer uma delas ou criar suas próprias:

1. *É superlegal.* Como uma avó. Nunca me castiga nem tenta me ensinar lições dolorosas. Nunca me repreende e eu não preciso ser muito cautelosa – posso tirar o cinto de segurança e andar pela cabine da vida. E também bater nas coisas.

2. *É muito poderoso.* Capaz de remover qualquer mancha, mesmo sendo muito antiga. Consegue mover pedras internas (e externas) que bloqueiam meu progresso mesmo sendo do tamanho de um estado inteiro.

3. *É compassivo.* Acha que sou adorável mesmo quando estou estragando tudo. Sempre me dá outra chance. Nunca me julga, mesmo quando ambos sabíamos muito bem que o meu mais recente fracasso acabaria se transformando em, bem, um fracasso.

4. *Conhece todo mundo.* Consegue fazer as apresentações/coincidências mais loucas acontecerem. Pode fazer um cara bonitinho que conheci semana passada aparecer em uma parte completamente diferente da cidade na próxima terça.

5. *Cura.* Como aquela chefe de torcida do seriado *Heroes.* Só que pode demorar mais – um tempo que uso para aprimorar a paciência ou outro aspecto meu que precise ser desenvolvido.

6. *Está sempre onde você está.* Até mesmo naquele evento de trabalho terrível a que preciso ir de qualquer jeito. Até mesmo em Las Vegas. E o mais importante: minha fonte de energia nunca me diz que, se eu estivesse em outro lugar que não onde estou agora, a ajuda estaria a caminho. É sempre bem aqui e agora mesmo.

7. *É carinhoso e complacente.* Quer o melhor para mim, mesmo que seja difícil enxergar na hora. Não guarda rancor.

8. *Está cuidando das coisas.* Sabe como é possível mandar uma nave para o espaço e vê-la chegar a Marte doze anos depois, exatamente como programado? É porque meu deus é *previsível.* As coisas seguem uma programação exata, que eu gosto de encarar como um plano que inclui minha vida.

9. *É como Twyla Tharp.* Minha coisa-espírito é uma coreógrafa brilhante. As ondas movem-se com as marés, que se movem com a lua, que se move com o sol. E tudo enquanto eu estou aqui sentada assistindo a reprises de *Seinfeld* e tomando sorvete.

Assim que tiver seu Grande Ser, comece a conhecê-lo. Como fazer isso? Bem, para começar, passe a vê-lo em todo lugar. Vê-lo em todo lugar é assim: uma música não sai da sua cabeça, então você liga o rádio e ela está tocando. Por algum motivo está pensando em sua melhor amiga do sexto ano da escola, então entra no Facebook e ela adicionou você. Casualmente estava falando sobre o Peru, então sai com um cara na mesma noite e ele escolhe um restaurante peruano. Você começa a procurar, e encontra, a *interconexão* de tudo. Porque o Grande Ser tem a ver com conexão.

Não estou sugerindo que você deva viver em um mundo mágico em que todas as coincidências são evidências de alienígenas, ou em que você lê sua sorte na placa do carro da frente, nem um mundo em que você se comunica telepaticamente com o cara bonitinho do setor de compras. Você precisa manter os pés no chão!

Quando comecei a olhar de verdade e, principalmente, a explorar as coisas que pareciam coincidir, percebi que as chamadas coincidências acontecem o dia todo. Depois de um tempo, ficou óbvio – pelo menos para mim – que era tão improvável que quatro "coincidências" acontecessem em um período de 36 horas que talvez, na verdade, nada daquilo tenha sido coincidência.

O que me levou a ver a vida de um modo totalmente diferente. Em primeiro lugar, comecei fazendo uma nova pergunta: e se aquilo que estava acontecendo comigo não fosse aleatório? Como eu perceberia? Fazer essas perguntas a mim mesma, especialmente em relação a encontros e namoros, me obrigava a ir mais fundo nas coisas. Por exemplo, se eu presumo que um cara não me ligou porque isso faz parte da interconexão e não porque existe algo errado comigo, rapidamente fica mais fácil aceitar. Como eu disse antes, quando existe uma ordem superior em seu universo você sabe com certeza que seu verdadeiro homem nunca poderá escapar. Se ele é seu, você saberá, porque ele estará sentado com você na terapia às 8h30 de uma manhã de segunda-feira ou tirando seu lixo sem ninguém pedir.

Assim que se familiarizar com seu Grande Ser, você logo vai *convidar* esse ser-espírito-interconexão para a festa que é sua vida. Digamos que você conheça um cara muito lindo em uma festa beneficente. É claro, você pergunta sobre ele para sua amiga e pode até ser que peça para ela dar uma investigada. Mas não precisa ficar perseguindo essa amiga, passando os dois meses seguintes perguntando se ela teve a oportunidade de ver se ele gostou de você. Também não precisa entrar no perfil dele no LinkedIn. Porque além de fazer algumas perguntas sobre o cara aqui, no plano terreno, você também recorreu à sua força superior. Você disse: *Caro Grande Ser, se quer que eu fique com aquele cara, dê um jeito!* Então você deixa essa questão de lado e vai descansar sabendo que, se aquele cara for o seu homem, você saberá – porque ele vai buscá-la e levá-la para passear. Caso não seja, não significa necessariamente que ele *nunca* será seu homem, mas que não é seu homem *hoje*. E viver o presente é o único jeito de estar vivo.

Quando você começa a praticar isso, o que pode surgir imediatamente é um medo de que, se não fizer alguma coisa, *qualquer coisa* – no mínimo entrar no site de namoros eHarmony.com –, não conseguirá ficar com esse cara (nem com nenhum outro) e acabará sozinha. É aí que entra a *confiança*. Obviamente, você não tem o poder de fazer uma música tocar no rádio. Pode até ficar cantando, ligar e desligar o rádio o dia todo, mas não pode *fazer* acontecer. Mas, de alguma forma, o universo faz. Você sabe que faz porque está vendo a interconexão acontecendo o dia todo. Não tem como haver toda essa rede de interconexão no planeta sem que você faça parte. Bem, você não é parte da gravidade? Você sabe que a gravidade está acontecendo bem aí onde está, então também pode acreditar que a interconexão está acontecendo para você.

Tem outra palavra para isso: você se torna *determinada*. A determinação é a chave para sua transformação. Por quê? Porque a esperança pode levá-la até uma porta, mas é a determinação que abrirá essa porta.

Vamos pegar o exemplo do casamento. Você gostaria de um parceiro maravilhoso. Mas leu em uma revista que não sobrou nenhum homem bom em seu estado. Aparentemente, alguém bateu de porta em porta e descobriu que todos os que prestavam são casados, gays ou mudaram-se para Porto Rico (esse exemplo é ridículo, mas nem tanto, porque parece que leio um artigo desses dia sim, dia não). É aí que você precisará ser determinada. Está disposta a ver seu marido materializar-se em algum lugar – talvez como resultado de algum milagre ou força superior? Está aberta à possibilidade de que talvez um cara – o seu cara – tenha perdido o voo para Porto Rico, ficado aqui e esteja prestes a entrar pela porta do café em que você está sentada nesse exato momento? Mesmo se não conseguir acreditar nisso pelos próximos meses, está determinada a acreditar pelos próximos cinco minutos?

Se a resposta for não, sua outra escolha – e é uma *escolha* – é desistir. Fechar seu coração. Você se protege da decepção fechando-se à possibilidade de algum dia conseguir o que quer. É o que muitas moças solteiras fazem, e é por isso que às vezes deparam-se com dor ou raiva. O coração se fecha e surge um aperto palpável – para a pessoa com o coração fechado e para a pessoa com quem ela está conversando.

Só quero que saiba de uma coisa: se está sentindo que nada acontecerá, *isso não prova coisa alguma.* É apenas um sinal de que sua determinação está encoberta e de que você precisa abrir-se novamente à possibilidade. E outra vez, e mais uma.

O que nos traz ao último grande tópico deste livro. Está pronta?

Se tem uma coisa que espero que leve deste livro é isso: casamento é um caminho espiritual. É uma *prática*: a prática de dar amor a si mesma e a um homem (e, depois, aos seus filhos – se os tiver –, além dos outros membros de sua família e de sua comunidade).

Sua capacidade de continuar abrindo o coração diante de desafios – internos e externos – será a base de seu casamento. Essa vida de prática não começa necessariamente quando você diz "sim" no altar. Algumas mulheres precisam saber disso para *arrumar* um casamento. Algumas mulheres (como eu) precisam saber disso para *mantê-lo*. E há ainda outras mulheres que já nascem sabendo disso (que puta sorte a delas, hein?). Depende apenas de onde e quando se começa. Todos temos que começar por algum lugar.

Aliar *prática*, *determinação* e *fonte* (seu eu superior) resolverá todos os obstáculos que existirem em seu caminho para se tornar a pessoa que você quer ser – e assim pavimentar o caminho de sua vida, que se transformará no que você sabe que ela pode ser.

Uma forma que visualizo para juntar as três coisas é imaginar uma ruína maia. Depois, imagino uma coisa de que quero me livrar. Digamos que seja meu medo do abandono – uma questão importante para mim. Pego meu medo do abandono, seguro-o nas mãos – como os maias devem ter segurado uma grande cesta de mangas – e subo todos os milhões de pequenos degraus da pirâmide que levam ao lugar onde se deixam as oferendas ao deus sol, ou seja o que for. E, embora seja superdifícil para mim me livrar daquela grande cesta de mangas – porque, na minha cabeça, aquele medo de abandono está me protegendo de pessoas que possam me machucar, então parece um problema enorme abrir mão dele –, estou disposta a deixá-la lá em cima, pois de agora em diante deixarei meu ser-espírito cuidar de minha vida. De toda ela.

Agora, o único motivo que me leva a estar disposta a *fazer isso* é: estou com 47 anos, e cuidar da minha vida sozinha não deu muito certo. Eu tentei, até que a vaca foi pro brejo. Consegui três divórcios e muitos golpes duros. Então, pelo menos estou disposta a suspender meu longo experimento de tentar cuidar sozinha dos desafios de meus relacionamentos para testar outra coisa.

Sei que você deve estar se perguntando de que forma visualizar mangas e ruínas maias vai mudar alguma coisa (parece com um monte de nada, não é?), mas eu sei por experiência própria que, assim que ocorrer uma mudança interna, a transformação *acontecerá* – e não antes disso. Tudo depende dessa mudança interna. O modo como vai chegar a ela não importa muito. Você pode usar qualquer coisa, de dança profética e meditação a trabalho voluntário e sauna. Isso vai de cada pessoa – aquela história do sorvete e dos sabores. Só sei de uma coisa: se você continuar a se comprometer com a mudança interna, ela vai acontecer.

Algumas pessoas pensam em deus como *amor*. É uma definição muito legal com a qual se transformar porque ajuda a suavizar o caminho em direção às áreas que você está procurando mudar. Por exemplo, permite que pense nas razões para não estar casada como nada mais do que pontos de sua vida que não estão funcionando – como quando você está arrumando a mesa e a faca está do lado errado ou a colher está só um pouco torta. Essas coisas não precisam ser evidência de algum grande defeito. Estão apenas mostrando um ponto que você precisa voltar a colocar em ordem.

É possível dizer com uma grande probabilidade de acerto que todas as razões pelas quais você não está casada têm origem no medo. Medo de não conseguir o que quer. Medo de perder o que tem. Acontece que o amor é um antídoto ao medo. Se você considerar cada área sua em que, hoje, existe medo e jogar a luz do amor sobre ela, terá início a transformação.

Quando está mais concentrada no amor do que no medo, você naturalmente parece graciosa. Sabe que está recebendo cuidados, então não está sendo mesquinha nem superficial. Não há necessidade de mentir, porque não está preocupada em manter na sua vida alguém que não pertença a ela. Você nem pensa mais nesse tipo de coisa. Sabe que tem apoio, como se fosse uma margarida em um campo: a única coisa que precisa fazer é virar-se para o sol. Não está se agarrando a nada. Tudo está lá, e você faz parte.

Considerando tudo o que foi dito, haverá desafios no caminho de sua transformação. Desafios que farão com que seja difícil permanecer no rumo. Os dois maiores são:

1. Parece que você não consegue mudar.
2. Você mudou de verdade, mas ainda não conseguiu o que queria.

Esses dois aparentes problemas têm a mesma solução: é necessário mais prática. Mesmo quando parece que nada está acontecendo e sua mente começa a dizer que sua mudança nunca vai acontecer ou que sua vida nunca vai acontecer, é sua responsabilidade consigo mesma (e com seu futuro marido) continuar voltando à sua visão, à sua *fonte*. Repetidas vezes.

E de novo, e de novo, e de novo.

Em alguns momentos você não será capaz de enxergar como uma coisa dessas pode acontecer (também conhecido como perder a fé). Não se preocupe. O que seu coração deseja não está perdido. Nunca está perdido. Está apenas temporariamente escondido. Sua tarefa é apenas continuar retornando ao *sim*.

Sim para você. Sim para ele. Sim para todo o maldito mundo. Sério.

Agora vem a parte bonita. Esse processo é exatamente o que vai fazer quando for uma ótima esposa. Vai continuar no *sim*, aconteça o que acontecer em seu casamento. Na saúde e na doença. Na riqueza e na pobreza. Para o melhor e para o pior. Você vai ser aquele princípio Feminino, ligada a algo maior do que o extrato bancário, os resultados das provas, as horas difíceis e a cabeça cheia de cabelos.

Você vai arrasar. Será uma alegria para todos à sua volta. Será uma luz na vida deles. Todo tipo de pessoa boa e maravilhosa será atraída para a sua vida. E antes que se dê conta descobrirá que está prestes a ser a esposa de alguém.

Como eu sabia que seria.

O que agora você sabe

Vamos resumir o Capítulo 10:

- ***Você não tem um deus.*** Cultive uma noção de fonte de energia que possa proporcionar mudanças em você e em sua vida, mesmo nos pontos em que todo o resto falhou.
- ***Faça você mesma.*** Sua coisa-espírito pode ser o que você quiser. Dê a ela qualidades que deseje que tenha, não limite-se às definições de deus

que já conhece. Isso é algo muito pessoal. Você não precisa defender seu conceito para ninguém. E saiba que sua definição de espírito pode crescer e mudar constantemente, assim como você muda e cresce.

- ***Não faça dos homens sua força superior.*** Eles não querem essa função. Além disso, não a executam bem.

- ***Seja determinada.*** É a chave para a mudança. Estar aberta à possibilidade de que o improvável ou "impossível" podem acontecer é uma escolha. Faça essa escolha! A única opção restante é fechar seu coração. E se você fechar seu coração – mesmo que feche-o apenas aos homens e mantenha-o aberto para, digamos, cachorrinhos – estará deixando passar o que pode ser a maior oportunidade de sua vida para crescer como ser humano.

- ***Comece a praticar***. O casamento é um caminho espiritual. É a prática de ser amorosa – consigo mesma e com um homem. E não começa quando as pessoas jogam arroz e você posta no YouTube um vídeo bonitinho da primeira dança do casal. Começa *agora*. Corra atrás!

Epílogo

E, É CLARO, CONHECI UM CARA. Um mês depois de o artigo "Por que você não se casou" ser publicado no *The Huffington Post*, eu estava em uma livraria/café digitando em meu computador quando ele sentou ao meu lado, barbudo, carregando uma cesta de lavanderia vazia. Começamos a conversar. Na meia hora seguinte, falamos sobre hormônios masculinos responsáveis pela ligação amorosa, oxitocina, meu pai (o criminoso), o pai dele (o veterano do Vietnã), minha mãe (a prostituta), e a mãe dele (a espiritualista). E depois disso ficou óbvio que as roupas dele haviam secado até estorricar e era hora de ir embora. Ele pediu meu telefone. "Temos que manter contato", disse. Ele me mandou uma mensagem naquela noite e, no dia seguinte, fizemos uma caminhada de três horas.

Nós nos apaixonamos. Começamos um relacionamento. Isso aconteceu há (no instante em que estou escrevendo) oito meses. Ele é absurdamente inteligente, é instigante, no melhor sentido possível, e não engole nenhuma das minhas bobagens. Que trinca!

E foi isso o que descobri: *sou tudo o que está nesse livro!* É claro que já sabia disso, mas tudo parecia ser muito mais teórico quando eu estava solteira. E fiquei solteira por um bom tempo.

Nos últimos seis meses, escrevi enquanto vivenciava o que escrevia. E ele viveu isso comigo, Deus o abençoe.

Porque não foi uma coisa fofinha o tempo todo. Muitas vezes houve rímel escorrendo pelo meu rosto e um cabelo que parecia um ninho de ratos. Outras vezes foi *sublime*, algo lindo, maravilhoso, extraordinário, de tirar o fôlego, diferente de tudo o que já vivi.

Em outras palavras, tem sido *real*. Somos apenas duas pessoas vivendo a vida. Temos nossas esperanças, nossos medos, nossos sonhos, nossa parte legal e a nem tão legal. Acima de tudo, temos a disposição para amar um ao outro por mais um dia – do jeito que estivermos. É um dom, de verdade.

Quanto ao casamento?

Com oito meses de relacionamento, ainda é muito cedo para saber. Mas uma coisa eu posso afirmar: estamos conversando a respeito.

Agradecimentos

Acima e antes de tudo, gostaria de agradecer muito a todas as mulheres (e todos os homens) que abriram o coração e compartilharam suas histórias comigo. O mundo muda quando uma pessoa fala com sinceridade e outra pessoa escuta com alma/atenção. Só posso esperar que este livro – apesar da irreverência e dos palavrões – honre as muitas conversas que tive ao longo dos anos de uma forma que traga um pouco mais de amor para o mundo. Obrigada por terem me deixado fazer parte de suas jornadas.

Muito obrigada à minha editora, Pamela Cannon – e à toda equipe da Random House/Ballantine – por tornar tão prazerosa a tarefa de fazer deste livro uma realidade. Gente, vocês são como uma ótima esposa: apoiando, incentivando e sempre me deixando pensar que posso fazer o que quero.

Também agradeço à minha equipe na WME, especialmente à minha agente, Andy McNicol, por seus instintos espetaculares. E Nancy Josephson, Tom Wellington, Kirby Kim, Simon Faber e Adriana Alberghetti, muito obrigada pelo apoio e pela representação. Vocês sempre estão à disposição quando estou pronta para crescer, e não tenho como agradecer o suficiente.

Agradecimentos muito especiais a Arianna Huffington e Roy Sekoff do *The Huffington Post* por me darem um espaço para dizer o que penso *de verdade.*

Este livro não seria o que é sem vocês. Também agradeço a Hallie Seegal e Sara Wilson por serem editoras tão talentosas e perspicazes.

Também devo agradecer a Jill Soloway por muitas razões. 1) Por ter criado a *Sit 'n Spin*, série de leituras dramáticas em que apresentei o artigo "Por que você não se casou" original. Aquela noite mudou minha vida como escritora; 2) por ter sido uma amiga e mentora incrível; e 3) por me lembrar do que se trata tudo isso: ajudar aos outros. Esse livro não existiria sem você, garota.

Obrigada também a Carrie Byalick, Molly Kawachi, Victoria Taylor, Natalie Lent e toda a turma da ID PR por mandarem tão bem. Só digo isso: garotas, vocês sozinhas estão compensando toda a minha infância ruim.

Agradeço muito, com um amor imenso, ao meu filho de quinze anos. Você é demais. Você me inspira. E como qualquer mãe tudo o que posso fazer é pedir muitas desculpas e esperar que um dia, talvez, com alguma sorte, em algum momento depois dos seus 35, o fato de eu ser sua mãe não tenha sido um fracasso total.

Por último, minha profunda gratidão a Luke. Respeito muito sua paciência, sua coragem, sua sabedoria e seu amor. Você viveu cada minuto desse livro comigo e ficou ao meu lado enquanto ele me fazia sentir tudo que um livro é capaz de fazer uma mulher sentir em seu âmago. Você é um herói! Nesse processo, você me deu o maior presente de todos: a oportunidade de amá-lo mais e melhor. Estou mais agradecida do que palavras podem expressar, e amo você.

Coleção **L&PM** POCKET

1.**Catálogo geral da Coleção**
2.**Poesias** – Fernando Pessoa
3.**O livro dos sonetos** – org. Sergio Faraco
4.**Hamlet** – Shakespeare / trad. Millôr
5.**Isadora, frag. autobiográficos** – Isadora Duncan
6.**Histórias sicilianas** – G. Lampedusa
7.**O relato de Arthur Gordon Pym** – Edgar A. Poe
8.**A mulher mais linda da cidade** – Bukowski
9.**O fim de Montezuma** – Hernan Cortez
10.**A ninfomania** – D. T. Bienville
11.**As aventuras de Robinson Crusoé** – D. Defoe
12.**Histórias de amor** – A. Bioy Casares
13.**Armadilha mortal** – Roberto Arlt
14.**Contos de fantasmas** – Daniel Defoe
15.**Os pintores cubistas** – G. Apollinaire
16.**A morte de Ivan Ilitch** – L.Tolstói
17.**A desobediência civil** – D. H. Thoreau
18.**Liberdade, liberdade** – F. Rangel e M. Fernandes
19.**Cem sonetos de amor** – Pablo Neruda
20.**Mulheres** – Eduardo Galeano
21.**Cartas a Théo** – Van Gogh
22.**Don Juan** – Molière / Trad. Millôr Fernandes
24.**Horla** – Guy de Maupassant
25.**O caso de Charles Dexter Ward** – Lovecraft
26.**Vathek** – William Beckford
27.**Hai-Kais** – Millôr Fernandes
28.**Adeus, minha adorada** – Raymond Chandler
29.**Cartas portuguesas** – Mariana Alcoforado
30.**A mensageira das violetas** – Florbela Espanca
31.**Espumas flutuantes** – Castro Alves
32.**Dom Casmurro** – Machado de Assis
34.**Alves & Cia.** – Eça de Queiroz
35.**Uma temporada no inferno** – A. Rimbaud
36.**A corresp. de Fradique Mendes** – Eça de Queiroz
38.**Antologia poética** – Olavo Bilac
39.**O rei Lear** – Shakespeare
40.**Memórias póstumas de Brás Cubas** – Machado de Assis
41.**Que loucura!** – Woody Allen
42.**O duelo** – Casanova
44.**Gentidades** – Darcy Ribeiro
45.**Memórias de um Sargento de Milícias** – Manuel Antônio de Almeida
46.**Os escravos** – Castro Alves
47.**O desejo pego pelo rabo** – Pablo Picasso
48.**Os inimigos** – Máximo Gorki
49.**O colar de veludo** – Alexandre Dumas
50.**Livro dos bichos** – Vários
51.**Quincas Borba** – Machado de Assis
53.**O exército de um homem só** – Moacyr Scliar
54.**Frankenstein** – Mary Shelley
55.**Dom Segundo Sombra** – Ricardo Güiraldes
56.**De vagões e vagabundos** – Jack London
57.**O homem bicentenário** – Isaac Asimov
58.**A viuvinha** – José de Alencar
59.**Livro das cortesãs** – org. de Sergio Faraco
60.**Últimos poemas** – Pablo Neruda
61.**A moreninha** – Joaquim Manuel de Macedo
62.**Cinco minutos** – José de Alencar
63.**Saber envelhecer e a amizade** – Cícero
64.**Enquanto a noite não chega** – J. Guimarães
65.**Tufão** – Joseph Conrad
66.**Aurélia** – Gérard de Nerval
67.**I-Juca-Pirama** – Gonçalves Dias
68.**Fábulas** – Esopo
69.**Teresa Filósofa** – Anônimo do Séc. XVIII
70.**Avent. inéditas de Sherlock Holmes** – Arthur Conan Doyle
71.**Quintana de bolso** – Mario Quintana
72.**Antes e depois** – Paul Gauguin
73.**A morte de Olivier Bécaille** – Émile Zola
74.**Iracema** – José de Alencar
75.**Iaiá Garcia** – Machado de Assis
76.**Utopia** – Tomás Morus
77.**Sonetos para amar o amor** – Camões
78.**Carmem** – Prosper Mérimée
79.**Senhora** – José de Alencar
80.**Hagar, o horrível 1** – Dik Browne
81.**O coração das trevas** – Joseph Conrad
82.**Um estudo em vermelho** – Arthur Conan Doyle
83.**Todos os sonetos** – Augusto dos Anjos
84.**A propriedade é um roubo** – P.-J. Proudhon
85.**Drácula** – Bram Stoker
86.**O marido complacente** – Sade
87.**De profundis** – Oscar Wilde
88.**Sem plumas** – Woody Allen
89.**Os bruzundangas** – Lima Barreto
90.**O cão dos Baskervilles** – Arthur Conan Doyle
91.**Paraísos artificiais** – Charles Baudelaire
92.**Cândido, ou o otimismo** – Voltaire
93.**Triste fim de Policarpo Quaresma** – Lima Barreto
94.**Amor de perdição** – Camilo Castelo Branco
95.**A megera domada** – Shakespeare / trad. Millôr
96.**O mulato** – Aluísio Azevedo
97.**O alienista** – Machado de Assis
98.**O livro dos sonhos** – Jack Kerouac
99.**Noite na taverna** – Álvares de Azevedo
100.**Aura** – Carlos Fuentes
102.**Contos gauchescos e Lendas do sul** – Simões Lopes Neto
103.**O cortiço** – Aluísio Azevedo
104.**Marília de Dirceu** – T. A. Gonzaga
105.**O Primo Basílio** – Eça de Queiroz
106.**O ateneu** – Raul Pompéia
107.**Um escândalo na Boêmia** – Arthur Conan Doyle
108.**Contos** – Machado de Assis
109.**200 Sonetos** – Luis Vaz de Camões
110.**O príncipe** – Maquiavel
111.**A escrava Isaura** – Bernardo Guimarães
112.**O solteirão nobre** – Conan Doyle
114.**Shakespeare de A a Z** – Shakespeare
115.**A relíquia** – Eça de Queiroz
117.**Livro do corpo** – Vários
118.**Lira dos 20 anos** – Álvares de Azevedo
119.**Esaú e Jacó** – Machado de Assis
120.**A barcarola** – Pablo Neruda
121.**Os conquistadores** – Júlio Verne
122.**Contos breves** – G. Apollinaire
123.**Taipi** – Herman Melville
124.**Livro dos desaforos** – org. de Sergio Faraco

125.**A mão e a luva** – Machado de Assis
126.**Doutor Miragem** – Moacyr Scliar
127.**O penitente** – Isaac B. Singer
128.**Diários da descoberta da América** – Cristóvão Colombo
129.**Édipo Rei** – Sófocles
130.**Romeu e Julieta** – Shakespeare
131.**Hollywood** – Bukowski
132.**Billy the Kid** – Pat Garrett
133.**Cuca fundida** – Woody Allen
134.**O jogador** – Dostoiévski
135.**O livro da selva** – Rudyard Kipling
136.**O vale do terror** – Arthur Conan Doyle
137.**Dançar tango em Porto Alegre** – S. Faraco
138.**O gaúcho** – Carlos Reverbel
139.**A volta ao mundo em oitenta dias** – J. Verne
140.**O livro dos esnobes** – W. M. Thackeray
141.**Amor & morte em Poodle Springs** – Raymond Chandler & R. Parker
142.**As aventuras de David Balfour** – Stevenson
143.**Alice no país das maravilhas** – Lewis Carroll
144.**A ressurreição** – Machado de Assis
145.**Inimigos, uma história de amor** – I. Singer
146.**O Guarani** – José de Alencar
147.**A cidade e as serras** – Eça de Queiroz
148.**Eu e outras poesias** – Augusto dos Anjos
149.**A mulher de trinta anos** – Balzac
150.**Pomba enamorada** – Lygia F. Telles
151.**Contos fluminenses** – Machado de Assis
152.**Antes de Adão** – Jack London
153.**Intervalo amoroso** – A.Romano de Sant'Anna
154.**Memorial de Aires** – Machado de Assis
155.**Naufrágios e comentários** – Cabeza de Vaca
156.**Ubirajara** – José de Alencar
157.**Textos anarquistas** – Bakunin
159.**Amor de salvação** – Camilo Castelo Branco
160.**O gaúcho** – José de Alencar
161.**O livro das maravilhas** – Marco Polo
162.**Inocência** – Visconde de Taunay
163.**Helena** – Machado de Assis
164.**Uma estação de amor** – Horácio Quiroga
165.**Poesia reunida** – Martha Medeiros
166.**Memórias de Sherlock Holmes** – Conan Doyle
167.**A vida de Mozart** – Stendhal
168.**O primeiro terço** – Neal Cassady
169.**O mandarim** – Eça de Queiroz
170.**Um espinho de marfim** – Marina Colasanti
171.**A ilustre Casa de Ramires** – Eça de Queiroz
172.**Lucíola** – José de Alencar
173.**Antígona** – Sófocles – trad. Donaldo Schüler
174.**Otelo** – William Shakespeare
175.**Antologia** – Gregório de Matos
176.**A liberdade de imprensa** – Karl Marx
177.**Casa de pensão** – Aluísio Azevedo
178.**São Manuel Bueno, Mártir** – Unamuno
179.**Primaveras** – Casimiro de Abreu
180.**O noviço** – Martins Pena
181.**O sertanejo** – José de Alencar
182.**Eurico, o presbítero** – Alexandre Herculano
183.**O signo dos quatro** – Conan Doyle
184.**Sete anos no Tibet** – Heinrich Harrer
185.**Vagamundo** – Eduardo Galeano
186.**De repente acidentes** – Carl Solomon
187.**As minas de Salomão** – Rider Haggar
188.**Uivo** – Allen Ginsberg
189.**A ciclista solitária** – Conan Doyle
190.**Os seis bustos de Napoleão** – Conan Doyle
191.**Cortejo do divino** – Nelida Piñon
194.**Os crimes do amor** – Marquês de Sade
195.**Besame Mucho** – Mário Prata
196.**Tuareg** – Alberto Vázquez-Figueroa
197.**O longo adeus** – Raymond Chandler
199.**Notas de um velho safado** – Bukowski
200.**111 ais** – Dalton Trevisan
201.**O nariz** – Nicolai Gogol
202.**O capote** – Nicolai Gogol
203.**Macbeth** – William Shakespeare
204.**Heráclito** – Donaldo Schüler
205.**Você deve desistir, Osvaldo** – Cyro Martins
206.**Memórias de Garibaldi** – A. Dumas
207.**A arte da guerra** – Sun Tzu
208.**Fragmentos** – Caio Fernando Abreu
209.**Festa no castelo** – Moacyr Scliar
210.**O grande deflorador** – Dalton Trevisan
212.**Homem do princípio ao fim** – Millôr Fernandes
213.**Aline e seus dois namorados (1)** – A. Iturrusgarai
214.**A juba do leão** – Sir Arthur Conan Doyle
215.**Assassino metido a esperto** – R. Chandler
216.**Confissões de um comedor de ópio** – Thomas De Quincey
217.**Os sofrimentos do jovem Werther** – Goethe
218.**Fedra** – Racine / Trad. Millôr Fernandes
219.**O vampiro de Sussex** – Conan Doyle
220.**Sonho de uma noite de verão** – Shakespeare
221.**Dias e noites de amor e de guerra** – Galeano
222.**O Profeta** – Khalil Gibran
223.**Flávia, cabeça, tronco e membros** – M. Fernandes
224.**Guia da ópera** – Jeanne Suhamy
225.**Macário** – Álvares de Azevedo
226.**Etiqueta na prática** – Celia Ribeiro
227.**Manifesto do Partido Comunista** – Marx & Engels
228.**Poemas** – Millôr Fernandes
229.**Um inimigo do povo** – Henrik Ibsen
230.**O paraíso destruído** – Frei B. de las Casas
231.**O gato no escuro** – Josué Guimarães
232.**O mágico de Oz** – L. Frank Baum
233.**Armas no Cyrano's** – Raymond Chandler
234.**Max e os felinos** – Moacyr Scliar
235.**Nos céus de Paris** – Alcy Cheuiche
236.**Os bandoleiros** – Schiller
237.**A primeira coisa que eu botei na boca** – Deonísio da Silva
238.**As aventuras de Simbad, o marújo**
239.**O retrato de Dorian Gray** – Oscar Wilde
240.**A carteira de meu tio** – J. Manuel de Macedo
241.**A luneta mágica** – J. Manuel de Macedo
242.**A metamorfose** – Franz Kafka
243.**A flecha de ouro** – Joseph Conrad
244.**A ilha do tesouro** – R. L. Stevenson
245.**Marx - Vida & Obra** – José A. Giannotti
246.**Gênesis**
247.**Unidos para sempre** – Ruth Rendell
248.**A arte de amar** – Ovídio
249.**O sono eterno** – Raymond Chandler
250.**Novas receitas do Anonymus Gourmet** – J.A.P.M.
251.**A nova catacumba** – Arthur Conan Doyle
252.**Dr. Negro** – Arthur Conan Doyle
253.**Os voluntários** – Moacyr Scliar
254.**A bela adormecida** – Irmãos Grimm

255.**O príncipe sapo** – Irmãos Grimm
256.**Confissões** *e* **Memórias** – H. Heine
257.**Viva o Alegrete** – Sergio Faraco
258.**Vou estar esperando** – R. Chandler
259.**A senhora Beate e seu filho** – Schnitzler
260.**O ovo apunhalado** – Caio Fernando Abreu
261.**O ciclo das águas** – Moacyr Scliar
262.**Millôr Definitivo** – Millôr Fernandes
264.**Viagem ao centro da Terra** – Júlio Verne
265.**A dama do lago** – Raymond Chandler
266.**Caninos brancos** – Jack London
267.**O médico e o monstro** – R. L. Stevenson
268.**A tempestade** – William Shakespeare
269.**Assassinatos na rua Morgue** – E. Allan Poe
270.**99 corruíras nanicas** – Dalton Trevisan
271.**Broquéis** – Cruz e Sousa
272.**Mês de cães danados** – Moacyr Scliar
273.**Anarquistas – vol. 1 – A idéia** – G.Woodcock
274.**Anarquistas – vol. 2 – O movimento** – G.Woodcock
275.**Pai e filho, filho e pai** – Moacyr Scliar
276.**As aventuras de Tom Sawyer** – Mark Twain
277.**Muito barulho por nada** – W. Shakespeare
278.**Elogio da loucura** – Erasmo
279.**Autobiografia de Alice B. Toklas** – G. Stein
280.**O chamado da floresta** – J. London
281.**Uma agulha para o diabo** – Ruth Rendell
282.**Verdes vales do fim do mundo** – A. Bivar
283.**Ovelhas negras** – Caio Fernando Abreu
284.**O fantasma de Canterville** – O. Wilde
285.**Receitas de Yayá Ribeiro** – Celia Ribeiro
286.**A galinha degolada** – H. Quiroga
287.**O último adeus de Sherlock Holmes** – A. Conan Doyle
288.**A. Gourmet** *em* **Histórias de cama & mesa** – J. A. Pinheiro Machado
289.**Topless** – Martha Medeiros
290.**Mais receitas do Anonymus Gourmet** – J. A. Pinheiro Machado
291.**Origens do discurso democrático** – D. Schüler
292.**Humor politicamente incorreto** – Nani
293.**O teatro do bem e do mal** – E. Galeano
294.**Garibaldi & Manoela** – J. Guimarães
295.**10 dias que abalaram o mundo** – John Reed
296.**Numa fria** – Bukowski
297.**Poesia de Florbela Espanca** vol. 1
298.**Poesia de Florbela Espanca** vol. 2
299.**Escreva certo** – E. Oliveira e M. E. Bernd
300.**O vermelho e o negro** – Stendhal
301.**Ecce homo** – Friedrich Nietzsche
302(7).**Comer bem, sem culpa** – Dr. Fernando Lucchese, A. Gourmet e Iotti
303.**O livro de Cesário Verde** – Cesário Verde
305.**100 receitas de macarrão** – S. Lancellotti
306.**160 receitas de molhos** – S. Lancellotti
307.**100 receitas light** – H. e Â. Tonetto
308.**100 receitas de sobremesas** – Celia Ribeiro
309.**Mais de 100 dicas de churrasco** – Leon Diziekaniak
310.**100 receitas de acompanhamentos** – C. Cabeda
311.**Honra ou vendetta** – S. Lancellotti
312.**A alma do homem sob o socialismo** – Oscar Wilde
313.**Tudo sobre Yôga** – Mestre De Rose
314.**Os varões assinalados** – Tabajara Ruas
315.**Édipo em Colono** – Sófocles
316.**Lisístrata** – Aristófanes / trad. Millôr
317.**Sonhos de Bunker Hill** – John Fante
318.**Os deuses de Raquel** – Moacyr Scliar
319.**O colosso de Marússia** – Henry Miller
320.**As eruditas** – Molière / trad. Millôr
321.**Radicci 1** – Iotti
322.**Os Sete contra Tebas** – Ésquilo
323.**Brasil Terra à vista** – Eduardo Bueno
324.**Radicci 2** – Iotti
325.**Júlio César** – William Shakespeare
326.**A carta de Pero Vaz de Caminha**
327.**Cozinha Clássica** – Sílvio Lancellotti
328 **Madame Bovary** – Gustave Flaubert
329.**Dicionário do viajante insólito** – M. Scliar
330.**O capitão saiu para o almoço...** – Bukowski
331.**A carta roubada** – Edgar Allan Poe
332.**É tarde para saber** – Josué Guimarães
333.**O livro de bolso da Astrologia** – Maggy Harrisonx e Mellina Li
334.**1933 foi um ano ruim** – John Fante
335.**100 receitas de arroz** – Aninha Comas
336.**Guia prático do Português correto – vol. 1** – Cláudio Moreno
337.**Bartleby, o escriturário** – H. Melville
338.**Enterrem meu coração na curva do rio** – Dee Brown
339.**Um conto de Natal** – Charles Dickens
340.**Cozinha sem segredos** – J. A. P. Machado
341.**A dama das Camélias** – A. Dumas Filho
342.**Alimentação saudável** – H. e Â. Tonetto
343.**Continhos galantes** – Dalton Trevisan
344.**A Divina Comédia** – Dante Alighieri
345.**A Dupla Sertanojo** – Santiago
346.**Cavalos do amanhecer** – Mario Arregui
347.**Biografia de Vincent van Gogh por sua cunhada** – Jo van Gogh-Bonger
348.**Radicci 3** – Iotti
349.**Nada de novo no front** – E. M. Remarque
350.**A hora dos assassinos** – Henry Miller
351.**Flush – Memórias de um cão** – Virginia Woolf
352.**A guerra no Bom Fim** – M. Scliar
353(1).**O caso Saint-Fiacre** – Simenon
354(2).**Morte na alta sociedade** – Simenon
355(3).**O cão amarelo** – Simenon
356(4).**Maigret e o homem do banco** – Simenon
357.**As uvas e o vento** – Pablo Neruda
358.**On the road** – Jack Kerouac
359.**O coração amarelo** – Pablo Neruda
360.**Livro das perguntas** – Pablo Neruda
361.**Noite de Reis** – William Shakespeare
362.**Manual de Ecologia (vol.1)** – J. Lutzenberger
363.**O mais longo dos dias** – Cornelius Ryan
364.**Foi bom prá você?** – Nani
365.**Crepusculário** – Pablo Neruda
366.**A comédia dos erros** – Shakespeare
367(5).**A primeira investigação de Maigret** – Simenon
368(6).**As férias de Maigret** – Simenon
369.**Mate-me por favor (vol.1)** – L. McNeil
370.**Mate-me por favor (vol.2)** – L. McNeil
371.**Carta ao pai** – Kafka
372.**Os vagabundos iluminados** – J. Kerouac
373(7).**O enforcado** – Simenon
374(8).**A fúria de Maigret** – Simenon
375.**Vargas, uma biografia política** – H. Silva

376.**Poesia reunida (vol.1)** – A. R. de Sant'Anna
377.**Poesia reunida (vol.2)** – A. R. de Sant'Anna
378.**Alice no país do espelho** – Lewis Carroll
379.**Residência na Terra 1** – Pablo Neruda
380.**Residência na Terra 2** – Pablo Neruda
381.**Terceira Residência** – Pablo Neruda
382.**O delírio amoroso** – Bocage
383.**Futebol ao sol e à sombra** – E. Galeano
384(9).**O porto das brumas** – Simenon
385(10).**Maigret e seu morto** – Simenon
386.**Radicci 4** – Iotti
387.**Boas maneiras & sucesso nos negócios** – Celia Ribeiro
388.**Uma história Farroupilha** – M. Scliar
389.**Na mesa ninguém envelhece** – J. A. Pinheiro Machado
390.**200 receitas inéditas do Anonymus Gourmet** – J. A. Pinheiro Machado
391.**Guia prático do Português correto – vol.2** – Cláudio Moreno
392.**Breviário das terras do Brasil** – Assis Brasil
393.**Cantos Cerimoniais** – Pablo Neruda
394.**Jardim de Inverno** – Pablo Neruda
395.**Antonio e Cleópatra** – William Shakespeare
396.**Tróia** – Cláudio Moreno
397.**Meu tio matou um cara** – Jorge Furtado
398.**O anatomista** – Federico Andahazi
399.**As viagens de Gulliver** – Jonathan Swift
400.**Dom Quixote** – (v. 1) – Miguel de Cervantes
401.**Dom Quixote** – (v. 2) – Miguel de Cervantes
402.**Sozinho no Pólo Norte** – Thomaz Brandolin
403.**Matadouro 5** – Kurt Vonnegut
404.**Delta de Vênus** – Anaïs Nin
405.**O melhor de Hagar 2** – Dik Browne
406.**É grave Doutor?** – Nani
407.**Orai pornô** – Nani
408(11).**Maigret em Nova York** – Simenon
409(12).**O assassino sem rosto** – Simenon
410(13).**O mistério das jóias roubadas** – Simenon
411.**A irmãzinha** – Raymond Chandler
412.**Três contos** – Gustave Flaubert
413.**De ratos e homens** – John Steinbeck
414.**Lazarilho de Tormes** – Anônimo do séc. XVI
415.**Triângulo das águas** – Caio Fernando Abreu
416.**100 receitas de carnes** – Sílvio Lancellotti
417.**Histórias de robôs:** vol. 1 – org. Isaac Asimov
418.**Histórias de robôs:** vol. 2 – org. Isaac Asimov
419.**Histórias de robôs:** vol. 3 – org. Isaac Asimov
420.**O país dos centauros** – Tabajara Ruas
421.**A república de Anita** – Tabajara Ruas
422.**A carga dos lanceiros** – Tabajara Ruas
423.**Um amigo de Kafka** – Isaac Singer
424.**As alegres matronas de Windsor** – Shakespeare
425.**Amor e exílio** – Isaac Bashevis Singer
426.**Use & abuse do seu signo** – Marília Fiorillo e Marylou Simonsen
427.**Pigmaleão** – Bernard Shaw
428.**As fenícias** – Eurípides
429.**Everest** – Thomaz Brandolin
430.**A arte de furtar** – Anônimo do séc. XVI
431.**Billy Bud** – Herman Melville
432.**A rosa separada** – Pablo Neruda
433.**Elegia** – Pablo Neruda
434.**A garota de Cassidy** – David Goodis
435.**Como fazer a guerra: máximas de Napoleão** – Balzac
436.**Poemas escolhidos** – Emily Dickinson
437.**Gracias por el fuego** – Mario Benedetti
438.**O sofá** – Crébillon Fils
439.**O "Martín Fierro"** – Jorge Luis Borges
440.**Trabalhos de amor perdidos** – W. Shakespeare
441.**O melhor de Hagar 3** – Dik Browne
442.**Os Maias (volume1)** – Eça de Queiroz
443.**Os Maias (volume2)** – Eça de Queiroz
444.**Anti-Justine** – Restif de La Bretonne
445.**Juventude** – Joseph Conrad
446.**Contos** – Eça de Queiroz
447.**Janela para a morte** – Raymond Chandler
448.**Um amor de Swann** – Marcel Proust
449.**À paz perpétua** – Immanuel Kant
450.**A conquista do México** – Hernan Cortez
451.**Defeitos escolhidos e 2000** – Pablo Neruda
452.**O casamento do céu e do inferno** – William Blake
453.**A primeira viagem ao redor do mundo** – Antonio Pigafetta
454(14).**Uma sombra na janela** – Simenon
455(15).**A noite da encruzilhada** – Simenon
456(16).**A velha senhora** – Simenon
457.**Sartre** – Annie Cohen-Solal
458.**Discurso do método** – René Descartes
459.**Garfield em grande forma (1)** – Jim Davis
460.**Garfield está de dieta** (2) – Jim Davis
461.**O livro das feras** – Patricia Highsmith
462.**Viajante solitário** – Jack Kerouac
463.**Auto da barca do inferno** – Gil Vicente
464.**O livro vermelho dos pensamentos de Millôr** – Millôr Fernandes
465.**O livro dos abraços** – Eduardo Galeano
466.**Voltaremos!** – José Antonio Pinheiro Machado
467.**Rango** – Edgar Vasques
468(8).**Dieta mediterrânea** – Dr. Fernando Lucchese e José Antonio Pinheiro Machado
469.**Radicci 5** – Iotti
470.**Pequenos pássaros** – Anaïs Nin
471.**Guia prático do Português correto – vol.3** – Cláudio Moreno
472.**Atire no pianista** – David Goodis
473.**Antologia Poética** – García Lorca
474.**Alexandre e César** – Plutarco
475.**Uma espiã na casa do amor** – Anaïs Nin
476.**A gorda do Tiki Bar** – Dalton Trevisan
477.**Garfield um gato de peso (3)** – Jim Davis
478.**Canibais** – David Coimbra
479.**A arte de escrever** – Arthur Schopenhauer
480.**Pinóquio** – Carlo Collodi
481.**Misto-quente** – Bukowski
482.**A lua na sarjeta** – David Goodis
483.**O melhor do Recruta Zero (1)** – Mort Walker
484.**Aline: TPM – tensão pré-monstrual (2)** – Adão Iturrusgarai
485.**Sermões do Padre Antonio Vieira**
486.**Garfield numa boa (4)** – Jim Davis
487.**Mensagem** – Fernando Pessoa
488.**Vendeta** *seguido de* **A paz conjugal** – Balzac
489.**Poemas de Alberto Caeiro** – Fernando Pessoa
490.**Ferragus** – Honoré de Balzac
491.**A duquesa de Langeais** – Honoré de Balzac
492.**A menina dos olhos de ouro** – Honoré de Balzac
493.**O lírio do vale** – Honoré de Balzac
494(17).**A barcaça da morte** – Simenon

495(18).**As testemunhas rebeldes** – Simenon
496(19).**Um engano de Maigret** – Simenon
497(1).**A noite das bruxas** – Agatha Christie
498(2).**Um passe de mágica** – Agatha Christie
499(3).**Nêmesis** – Agatha Christie
500.**Esboço para uma teoria das emoções** – Sartre
501.**Renda básica de cidadania** – Eduardo Suplicy
502(1).**Pílulas para viver melhor** – Dr. Lucchese
503(2).**Pílulas para prolongar a juventude** – Dr. Lucchese
504(3).**Desembarcando o diabetes** – Dr. Lucchese
505(4).**Desembarcando o sedentarismo** – Dr. Fernando Lucchese e Cláudio Castro
506(5).**Desembarcando a hipertensão** – Dr. Lucchese
507(6).**Desembarcando o colesterol** – Dr. Fernando Lucchese e Fernanda Lucchese
508.**Estudos de mulher** – Balzac
509.**O terceiro tira** – Flann O'Brien
510.**100 receitas de aves e ovos** – J. A. P. Machado
511.**Garfield em toneladas de diversão** (5) – Jim Davis
512.**Trem-bala** – Martha Medeiros
513.**Os cães ladram** – Truman Capote
514.**O Kama Sutra de Vatsyayana**
515.**O crime do Padre Amaro** – Eça de Queiroz
516.**Odes de Ricardo Reis** – Fernando Pessoa
517.**O inverno da nossa desesperança** – Steinbeck
518.**Piratas do Tietê (1)** – Laerte
519.**Rê Bordosa: do começo ao fim** – Angeli
520.**O Harlem é escuro** – Chester Himes
521.**Café-da-manhã dos campeões** – Kurt Vonnegut
522.**Eugénie Grandet** – Balzac
523.**O último magnata** – F. Scott Fitzgerald
524.**Carol** – Patricia Highsmith
525.**100 receitas de patisseria** – Sílvio Lancellotti
526.**O fator humano** – Graham Greene
527.**Tristessa** – Jack Kerouac
528.**O diamante do tamanho do Ritz** – F. Scott Fitzgerald
529.**As melhores histórias de Sherlock Holmes** – Arthur Conan Doyle
530.**Cartas a um jovem poeta** – Rilke
531(20).**Memórias de Maigret** – Simenon
532(4).**O misterioso sr. Quin** – Agatha Christie
533.**Os analectos** – Confúcio
534(21).**Maigret e os homens de bem** – Simenon
535(22).**O medo de Maigret** – Simenon
536.**Ascensão e queda de César Birotteau** - Balzac
537.**Sexta-feira negra** – David Goodis
538.**Ora bolas – O humor de Mario Quintana** – Juarez Fonseca
539.**Longe daqui aqui mesmo** – Antonio Bivar
540(5).**É fácil matar** – Agatha Christie
541.**O pai Goriot** – Balzac
542.**Brasil, um país do futuro** – Stefan Zweig
543.**O processo** – Kafka
544.**O melhor de Hagar 4** – Dik Browne
545(6).**Por que não pediram a Evans?** – Agatha Christie
546.**Fanny Hill** – John Cleland
547.**O gato por dentro** – William S. Burroughs
548.**Sobre a brevidade da vida** – Sêneca
549.**Geraldão (1)** – Glauco
550.**Piratas do Tietê (2)** – Laerte
551.**Pagando o pato** – Ciça
552.**Garfield de bom humor (6)** – Jim Davis
553.**Conhece o Mário?** vol.1 – Santiago
554.**Radicci 6** – Iotti
555.**Os subterrâneos** – Jack Kerouac
556(1).**Balzac** – François Taillandier
557(2).**Modigliani** – Christian Parisot
558(3).**Kafka** – Gérard-Georges Lemaire
559(4).**Júlio César** – Joël Schmidt
560.**Receitas da família** – J. A. Pinheiro Machado
561.**Boas maneiras à mesa** – Celia Ribeiro
562(9).**Filhos sadios, pais felizes** – R. Pagnoncelli
563(10).**Fatos & mitos** – Dr. Fernando Lucchese
564.**Ménage à trois** – Paula Taitelbaum
565.**Mulheres!** – David Coimbra
566.**Poemas de Álvaro de Campos** – Fernando Pessoa
567.**Medo e outras histórias** – Stefan Zweig
568.**Snoopy e sua turma (1)** – Schulz
569.**Piadas para sempre (1)** – Visconde da Casa Verde
570.**O alvo móvel** – Ross Macdonald
571.**O melhor do Recruta Zero (2)** – Mort Walker
572.**Um sonho americano** – Norman Mailer
573.**Os broncos também amam** – Angeli
574.**Crônica de um amor louco** – Bukowski
575(5).**Freud** – René Major e Chantal Talagrand
576(6).**Picasso** – Gilles Plazy
577(7).**Gandhi** – Christine Jordis
578.**A tumba** – H. P. Lovecraft
579.**O príncipe e o mendigo** – Mark Twain
580.**Garfield, um charme de gato (7)** – Jim Davis
581.**Ilusões perdidas** – Balzac
582.**Esplendores e misérias das cortesãs** – Balzac
583.**Walter Ego** – Angeli
584.**Striptiras (1)** – Laerte
585.**Fagundes: um puxa-saco de mão cheia** – Laerte
586.**Depois do último trem** – Josué Guimarães
587.**Ricardo III** – Shakespeare
588.**Dona Anja** – Josué Guimarães
589.**24 horas na vida de uma mulher** – Stefan Zweig
590.**O terceiro homem** – Graham Greene
591.**Mulher no escuro** – Dashiell Hammett
592.**No que acredito** – Bertrand Russell
593.**Odisséia (1): Telemaquia** – Homero
594.**O cavalo cego** – Josué Guimarães
595.**Henrique V** – Shakespeare
596.**Fabulário geral do delírio cotidiano** – Bukowski
597.**Tiros na noite 1: A mulher do bandido** – Dashiell Hammett
598.**Snoopy em Feliz Dia dos Namorados! (2)** – Schulz
599.**Mas não se matam cavalos?** – Horace McCoy
600.**Crime e castigo** – Dostoiévski
601(7).**Mistério no Caribe** – Agatha Christie
602.**Odisséia (2): Regresso** – Homero
603.**Piadas para sempre (2)** – Visconde da Casa Verde
604.**À sombra do vulcão** – Malcolm Lowry
605(8).**Kerouac** – Yves Buin
606.**E agora são cinzas** – Angeli
607.**As mil e uma noites** – Paulo Caruso
608.**Um assassino entre nós** – Ruth Rendell

609.**Crack-up** – F. Scott Fitzgerald
610.**Do amor** – Stendhal
611.**Cartas do Yage** – William Burroughs e Allen Ginsberg
612.**Striptiras (2)** – Laerte
613.**Henry & June** – Anaïs Nin
614.**A piscina mortal** – Ross Macdonald
615.**Geraldão (2)** – Glauco
616.**Tempo de delicadeza** – A. R. de Sant'Anna
617.**Tiros na noite 2: Medo de tiro** – Dashiell Hammett
618.**Snoopy em Assim é a vida, Charlie Brown! (3)** – Schulz
619.**1954 – Um tiro no coração** – Hélio Silva
620.**Sobre a inspiração poética (Íon) e ...** – Platão
621.**Garfield e seus amigos (8)** – Jim Davis
622.**Odisséia (3): Ítaca** – Homero
623.**A louca matança** – Chester Himes
624.**Factótum** – Bukowski
625.**Guerra e Paz: volume 1** – Tolstói
626.**Guerra e Paz: volume 2** – Tolstói
627.**Guerra e Paz: volume 3** – Tolstói
628.**Guerra e Paz: volume 4** – Tolstói
629(9).**Shakespeare** – Claude Mourthé
630.**Bem está o que bem acaba** – Shakespeare
631.**O contrato social** – Rousseau
632.**Geração Beat** – Jack Kerouac
633.**Snoopy: É Natal! (4)** – Charles Schulz
634(8).**Testemunha da acusação** – Agatha Christie
635.**Um elefante no caos** – Millôr Fernandes
636.**Guia de leitura (100 autores que você precisa ler)** – Organização de Léa Masina
637.**Pistoleiros também mandam flores** – David Coimbra
638.**O prazer das palavras** – vol. 1 – Cláudio Moreno
639.**O prazer das palavras** – vol. 2 – Cláudio Moreno
640.**Novíssimo testamento: com Deus e o diabo, a dupla da criação** – Iotti
641.**Literatura Brasileira: modos de usar** – Luís Augusto Fischer
642.**Dicionário de Porto-Alegrês** – Luís A. Fischer
643.**Clô Dias & Noites** – Sérgio Jockymann
644.**Memorial de Isla Negra** – Pablo Neruda
645.**Um homem extraordinário e outras histórias** – Tchékhov
646.**Ana sem terra** – Alcy Cheuiche
647.**Adultérios** – Woody Allen
648.**Para sempre ou nunca mais** – R. Chandler
649.**Nosso homem em Havana** – Graham Greene
650.**Dicionário Caldas Aulete de Bolso**
651.**Snoopy: Posso fazer uma pergunta, professora? (5)** – Charles Schulz
652(10).**Luís XVI** – Bernard Vincent
653.**O mercador de Veneza** – Shakespeare
654.**Cancioneiro** – Fernando Pessoa
655.**Non-Stop** – Martha Medeiros
656.**Carpinteiros, levantem bem alto a cumeeira & Seymour, uma apresentação** – J.D.Salinger
657.**Ensaios céticos** – Bertrand Russell
658.**O melhor de Hagar 5** – Dik e Chris Browne
659.**Primeiro amor** – Ivan Turguêniev
660.**A trégua** – Mario Benedetti
661.**Um parque de diversões da cabeça** – Lawrence Ferlinghetti
662.**Aprendendo a viver** – Sêneca
663.**Garfield, um gato em apuros (9)** – Jim Davis
664.**Dilbert (1)** – Scott Adams
665.**Dicionário de dificuldades** – Domingos Paschoal Cegalla
666.**A imaginação** – Jean-Paul Sartre
667.**O ladrão e os cães** – Naguib Mahfuz
668.**Gramática do português contemporâneo** – Celso Cunha
669.**A volta do parafuso** *seguido de* **Daisy Miller** – Henry James
670.**Notas do subsolo** – Dostoiévski
671.**Abobrinhas da Brasilônia** – Glauco
672.**Geraldão (3)** – Glauco
673.**Piadas para sempre (3)** – Visconde da Casa Verde
674.**Duas viagens ao Brasil** – Hans Staden
675.**Bandeira de bolso** – Manuel Bandeira
676.**A arte da guerra** – Maquiavel
677.**Além do bem e do mal** – Nietzsche
678.**O coronel Chabert** *seguido de* **A mulher abandonada** – Balzac
679.**O sorriso de marfim** – Ross Macdonald
680.**100 receitas de pescados** – Sílvio Lancellotti
681.**O juiz e seu carrasco** – Friedrich Dürrenmatt
682.**Noites brancas** – Dostoiévski
683.**Quadras ao gosto popular** – Fernando Pessoa
684.**Romanceiro da Inconfidência** – Cecília Meireles
685.**Kaos** – Millôr Fernandes
686.**A pele de onagro** – Balzac
687.**As ligações perigosas** – Choderlos de Laclos
688.**Dicionário de matemática** – Luiz Fernandes Cardoso
689.**Os Lusíadas** – Luís Vaz de Camões
690(11).**Átila** – Éric Deschodt
691.**Um jeito tranqüilo de matar** – Chester Himes
692.**A felicidade conjugal** *seguido de* **O diabo** – Tolstói
693.**Viagem de um naturalista ao redor do mundo** – vol. 1 – Charles Darwin
694.**Viagem de um naturalista ao redor do mundo** – vol. 2 – Charles Darwin
695.**Memórias da casa dos mortos** – Dostoiévski
696.**A Celestina** – Fernando de Rojas
697.**Snoopy: Como você é azarado, Charlie Brown! (6)** – Charles Schulz
698.**Dez (quase) amores** – Claudia Tajes
699(9).**Poirot sempre espera** – Agatha Christie
700.**Cecília de bolso** – Cecília Meireles
701.**Apologia de Sócrates** *precedido de* **Êutifron** e *seguido de* **Críton** – Platão
702.**Wood & Stock** – Angeli
703.**Striptiras (3)** – Laerte
704.**Discurso sobre a origem e os fundamentos da desigualdade entre os homens** – Rousseau
705.**Os duelistas** – Joseph Conrad
706.**Dilbert (2)** – Scott Adams
707.**Viver e escrever** (vol. 1) – Edla van Steen
708.**Viver e escrever** (vol. 2) – Edla van Steen
709.**Viver e escrever** (vol. 3) – Edla van Steen
710(10).**A teia da aranha** – Agatha Christie
711.**O banquete** – Platão
712.**Os belos e malditos** – F. Scott Fitzgerald
713.**Libelo contra a arte moderna** – Salvador Dalí
714.**Akropolis** – Valerio Massimo Manfredi

715.**Devoradores de mortos** – Michael Crichton

716.**Sob o sol da Toscana** – Frances Mayes

717.**Batom na cueca** – Nani

718.**Vida dura** – Claudia Tajes

719.**Carne trêmula** – Ruth Rendell

720.**Cris, a fera** – David Coimbra

721.**O anticristo** – Nietzsche

722.**Como um romance** – Daniel Pennac

723.**Emboscada no Forte Bragg** – Tom Wolfe

724.**Assédio sexual** – Michael Crichton

725.**O espírito do Zen** – Alan W. Watts

726.**Um bonde chamado desejo** – Tennessee Williams

727.**Como gostais** *seguido de* **Conto de inverno** – Shakespeare

728.**Tratado sobre a tolerância** – Voltaire

729.**Snoopy: Doces ou travessuras? (7)** – Charles Schulz

730.**Cardápios do Anonymus Gourmet** – J.A. Pinheiro Machado

731.**100 receitas com lata** – J.A. Pinheiro Machado

732.**Conhece o Mário?** vol.2 – Santiago

733.**Dilbert (3)** – Scott Adams

734.**História de um louco amor** *seguido de* **Passado amor** – Horacio Quiroga

735(11).**Sexo: muito prazer** – Laura Meyer da Silva

736(12).**Para entender o adolescente** – Dr. Ronald Pagnoncelli

737(13).**Desembarcando a tristeza** – Dr. Fernando Lucchese

738.**Poirot e o mistério da arca espanhola & outras histórias** – Agatha Christie

739.**A última legião** – Valerio Massimo Manfredi

740.**As virgens suicidas** – Jeffrey Eugenides

741.**Sol nascente** – Michael Crichton

742.**Duzentos ladrões** – Dalton Trevisan

743.**Os devaneios do caminhante solitário** – Rousseau

744.**Garfield, o rei da preguiça (10)** – Jim Davis

745.**Os magnatas** – Charles R. Morris

746.**Pulp** – Charles Bukowski

747.**Enquanto agonizo** – William Faulkner

748.**Aline: viciada em sexo (3)** – Adão Iturrusgarai

749.**A dama do cachorrinho** – Anton Tchékhov

750.**Tito Andrônico** – Shakespeare

751.**Antologia poética** – Anna Akhmátova

752.**O melhor de Hagar 6** – Dik e Chris Browne

753(12).**Michelangelo** – Nadine Sautel

754.**Dilbert (4)** – Scott Adams

755.**O jardim das cerejeiras** *seguido de* **Tio Vânia** – Tchékhov

756.**Geração Beat** – Claudio Willer

757.**Santos Dumont** – Alcy Cheuiche

758.**Budismo** – Claude B. Levenson

759.**Cleópatra** – Christian-Georges Schwentzel

760.**Revolução Francesa** – Frédéric Bluche, Stéphane Rials e Jean Tulard

761.**A crise de 1929** – Bernard Gazier

762.**Sigmund Freud** – Edson Sousa e Paulo Endo

763.**Império Romano** – Patrick Le Roux

764.**Cruzadas** – Cécile Morrisson

765.**O mistério do Trem Azul** – Agatha Christie

766.**Os escrúpulos de Maigret** – Simenon

767.**Maigret se diverte** – Simenon

768.**Senso comum** – Thomas Paine

769.**O parque dos dinossauros** – Michael Crichton

770.**Trilogia da paixão** – Goethe

771.**A simples arte de matar** (vol.1) – R. Chandler

772.**A simples arte de matar** (vol.2) – R. Chandler

773.**Snoopy: No mundo da lua! (8)** – Charles Schulz

774.**Os Quatro Grandes** – Agatha Christie

775.**Um brinde de cianureto** – Agatha Christie

776.**Súplicas atendidas** – Truman Capote

777.**Ainda restam aveleiras** – Simenon

778.**Maigret e o ladrão preguiçoso** – Simenon

779.**A viúva imortal** – Millôr Fernandes

780.**Cabala** – Roland Goetschel

781.**Capitalismo** – Claude Jessua

782.**Mitologia grega** – Pierre Grimal

783.**Economia: 100 palavras-chave** – Jean-Paul Betbèze

784.**Marxismo** – Henri Lefebvre

785.**Punição para a inocência** – Agatha Christie

786.**A extravagância do morto** – Agatha Christie

787(13).**Cézanne** – Bernard Fauconnier

788.**A identidade Bourne** – Robert Ludlum

789.**Da tranquilidade da alma** – Sêneca

790.**Um artista da fome** *seguido de* **Na colônia penal e outras histórias** – Kafka

791.**Histórias de fantasmas** – Charles Dickens

792.**A louca de Maigret** – Simenon

793.**O amigo de infância de Maigret** – Simenon

794.**O revólver de Maigret** – Simenon

795.**A fuga do sr. Monde** – Simenon

796.**O Uraguai** – Basílio da Gama

797.**A mão misteriosa** – Agatha Christie

798.**Testemunha ocular do crime** – Agatha Christie

799.**Crepúsculo dos ídolos** – Friedrich Nietzsche

800.**Maigret e o negociante de vinhos** – Simemon

801.**Maigret e o mendigo** – Simenon

802.**O grande golpe** – Dashiell Hammett

803.**Humor barra pesada** – Nani

804.**Vinho** – Jean-François Gautier

805.**Egito Antigo** – Sophie Desplancques

806(14).**Baudelaire** – Jean-Baptiste Baronian

807.**Caminho da sabedoria, caminho da paz** – Dalai Lama e Felizitas von Schönborn

808.**Senhor e servo e outras histórias** – Tolstói

809.**Os cadernos de Malte Laurids Brigge** – Rilke

810.**Dilbert (5)** – Scott Adams

811.**Big Sur** – Jack Kerouac

812.**Seguindo a correnteza** – Agatha Christie

813.**O álibi** – Sandra Brown

814.**Montanha-russa** – Martha Medeiros

815.**Coisas da vida** – Martha Medeiros

816.**A cantada infalível** *seguido de* **A mulher do centroavante** – David Coimbra

817.**Maigret e os crimes do cais** – Simenon

818.**Sinal vermelho** – Simenon

819.**Snoopy: Pausa para a soneca (9)** – Charles Schulz

820.**De pernas pro ar** – Eduardo Galeano

821.**Tragédias gregas** – Pascal Thiercy

822.**Existencialismo** – Jacques Colette

823.**Nietzsche** – Jean Granier

824.**Amar ou depender?** – Walter Riso

825.**Darmapada: A doutrina budista em versos**

826.**J'Accuse...! – a verdade em marcha** – Zola

827.**Os crimes ABC** – Agatha Christie

828.**Um gato entre os pombos** – Agatha Christie

829.**Maigret e o sumiço do sr. Charles** – Simenon

830.**Maigret e a morte do jogador** – Simenon
831.**Dicionário de teatro** – Luiz Paulo Vasconcellos
832.**Cartas extraviadas** – Martha Medeiros
833.**A longa viagem de prazer** – J. J. Morosoli
834.**Receitas fáceis** – J. A. Pinheiro Machado
835.(14).**Mais fatos & mitos** – Dr. Fernando Lucchese
836.(15).**Boa viagem!** – Dr. Fernando Lucchese
837.**Aline: Finalmente nua!!!** (4) – Adão Iturrusgarai
838.**Mônica tem uma novidade!** – Mauricio de Sousa
839.**Cebolinha em apuros!** – Mauricio de Sousa
840.**Sócios no crime** – Agatha Christie
841.**Bocas do tempo** – Eduardo Galeano
842.**Orgulho e preconceito** – Jane Austen
843.**Impressionismo** – Dominique Lobstein
844.**Escrita chinesa** – Viviane Alleton
845.**Paris: uma história** – Yvan Combeau
846(15).**Van Gogh** – David Haziot
847.**Maigret e o corpo sem cabeça** – Simenon
848.**Portal do destino** – Agatha Christie
849.**O futuro de uma ilusão** – Freud
850.**O mal-estar na cultura** – Freud
851.**Maigret e o matador** – Simenon
852.**Maigret e o fantasma** – Simenon
853.**Um crime adormecido** – Agatha Christie
854.**Satori em Paris** – Jack Kerouac
855.**Medo e delírio em Las Vegas** – Hunter Thompson
856.**Um negócio fracassado e outros contos de humor** – Tchékhov
857.**Mônica está de férias!** – Mauricio de Sousa
858.**De quem é esse coelho?** – Mauricio de Sousa
859.**O burgomestre de Furnes** – Simenon
860.**O mistério Sittaford** – Agatha Christie
861.**Manhã transfigurada** – L. A. de Assis Brasil
862.**Alexandre, o Grande** – Pierre Briant
863.**Jesus** – Charles Perrot
864.**Islã** – Paul Balta
865.**Guerra da Secessão** – Farid Ameur
866.**Um rio que vem da Grécia** – Cláudio Moreno
867.**Maigret e os colegas americanos** – Simenon
868.**Assassinato na casa do pastor** – Agatha Christie
869.**Manual do líder** – Napoleão Bonaparte
870(16).**Billie Holiday** – Sylvia Fol
871.**Bidu arrasando!** – Mauricio de Sousa
872.**Desventuras em família** – Mauricio de Sousa
873.**Liberty Bar** – Simenon
874.**E no final a morte** – Agatha Christie
875.**Guia prático do Português correto – vol. 4** – Cláudio Moreno
876.**Dilbert (6)** – Scott Adams
877(17).**Leonardo da Vinci** – Sophie Chauveau
878.**Bella Toscana** – Frances Mayes
879.**A arte da ficção** – David Lodge
880.**Striptiras (4)** – Laerte
881.**Skrotinhos** – Angeli
882.**Depois do funeral** – Agatha Christie
883.**Radicci 7** – Iotti
884.**Walden** – H. D. Thoreau
885.**Lincoln** – Allen C. Guelzo
886.**Primeira Guerra Mundial** – Michael Howard
887.**A linha de sombra** – Joseph Conrad
888.**O amor é um cão dos diabos** – Bukowski
889.**Maigret sai em viagem** – Simenon
890.**Despertar: uma vida de Buda** – Jack Kerouac
891(18).**Albert Einstein** – Laurent Seksik
892.**Hell's Angels** – Hunter Thompson
893.**Ausência na primavera** – Agatha Christie
894.**Dilbert (7)** – Scott Adams
895.**Ao sul de lugar nenhum** – Bukowski
896.**Maquiavel** – Quentin Skinner
897.**Sócrates** – C.C.W. Taylor
898.**A casa do canal** – Simenon
899.**O Natal de Poirot** – Agatha Christie
900.**As veias abertas da América Latina** – Eduardo Galeano
901.**Snoopy: Sempre alerta! (10)** – Charles Schulz
902.**Chico Bento: Plantando confusão** – Mauricio de Sousa
903.**Penadinho: Quem é morto sempre aparece** – Mauricio de Sousa
904.**A vida sexual da mulher feia** – Claudia Tajes
905.**100 segredos de liquidificador** – José Antonio Pinheiro Machado
906.**Sexo muito prazer 2** – Laura Meyer da Silva
907.**Os nascimentos** – Eduardo Galeano
908.**As caras e as máscaras** – Eduardo Galeano
909.**O século do vento** – Eduardo Galeano
910.**Poirot perde uma cliente** – Agatha Christie
911.**Cérebro** – Michael O'Shea
912.**O escaravelho de ouro e outras histórias** – Edgar Allan Poe
913.**Piadas para sempre (4)** – Visconde da Casa Verde
914.**100 receitas de massas light** – Helena Tonetto
915(19).**Oscar Wilde** – Daniel Salvatore Schiffer
916.**Uma breve história do mundo** – H. G. Wells
917.**A Casa do Penhasco** – Agatha Christie
918.**Maigret e o finado sr. Gallet** – Simenon
919.**John M. Keynes** – Bernard Gazier
920(20).**Virginia Woolf** – Alexandra Lemasson
921.**Peter e Wendy** *seguido de* **Peter Pan em Kensington Gardens** – J. M. Barrie
922.**Aline: numas de colegial (5)** – Adão Iturrusgarai
923.**Uma dose mortal** – Agatha Christie
924.**Os trabalhos de Hércules** – Agatha Christie
925.**Maigret na escola** – Simenon
926.**Kant** – Roger Scruton
927.**A inocência do Padre Brown** – G.K. Chesterton
928.**Casa Velha** – Machado de Assis
929.**Marcas de nascença** – Nancy Huston
930.**Aulete de bolso**
931.**Hora Zero** – Agatha Christie
932.**Morte na Mesopotâmia** – Agatha Christie
933.**Um crime na Holanda** – Simenon
934.**Nem te conto, João** – Dalton Trevisan
935.**As aventuras de Huckleberry Finn** – Mark Twain
936(21).**Marilyn Monroe** – Anne Plantagenet
937.**China moderna** – Rana Mitter
938.**Dinossauros** – David Norman
939.**Louca por homem** – Claudia Tajes
940.**Amores de alto risco** – Walter Riso
941.**Jogo de damas** – David Coimbra
942.**Filha é filha** – Agatha Christie
943.**M ou N?** – Agatha Christie
944.**Maigret se defende** – Simenon
945.**Bidu: diversão em dobro!** – Mauricio de Sousa
946.**Fogo** – Anaïs Nin
947.**Rum: diário de um jornalista bêbado** – Hunter Thompson
948.**Persuasão** – Jane Austen

949.**Lágrimas na chuva** – Sergio Faraco
950.**Mulheres** – Bukowski
951.**Um pressentimento funesto** – Agatha Christie
952.**Cartas na mesa** – Agatha Christie
953.**Maigret em Vichy** – Simenon
954.**O lobo do mar** – Jack London
955.**Os gatos** – Patricia Highsmith
956(22).**Jesus** – Christiane Rancé
957.**História da medicina** – William Bynum
958.**O Morro dos Ventos Uivantes** – Emily Brontë
959.**A filosofia na era trágica dos gregos** – Nietzsche
960.**Os treze problemas** – Agatha Christie
961.**A massagista japonesa** – Moacyr Scliar
962.**A taberna dos dois tostões** – Simenon
963.**Humor do miserê** – Nani
964.**Todo o mundo tem dúvida, inclusive você** – Édison de Oliveira
965.**A dama do Bar Nevada** – Sergio Faraco
966.**O Smurf Repórter** – Peyo
967.**O Bebê Smurf** – Peyo
968.**Maigret e os flamengos** – Simenon
969.**O psicopata americano** – Bret Easton Ellis
970.**Ensaios de amor** – Alain de Botton
971.**O grande Gatsby** – F. Scott Fitzgerald
972.**Por que não sou cristão** – Bertrand Russell
973.**A Casa Torta** – Agatha Christie
974.**Encontro com a morte** – Agatha Christie
975(23).**Rimbaud** – Jean-Baptiste Baronian
976.**Cartas na rua** – Bukowski
977.**Memória** – Jonathan K. Foster
978.**A abadia de Northanger** – Jane Austen
979.**As pernas de Úrsula** – Claudia Tajes
980.**Retrato inacabado** – Agatha Christie
981.**Solanin (1)** – Inio Asano
982.**Solanin (2)** – Inio Asano
983.**Aventuras de menino** – Mitsuru Adachi
984(16).**Fatos & mitos sobre sua alimentação** – Dr. Fernando Lucchese
985.**Teoria quântica** – John Polkinghorne
986.**O eterno marido** – Fiódor Dostoiévski
987.**Um safado em Dublin** – J. P. Donleavy
988.**Mirinha** – Dalton Trevisan
989.**Akhenaton e Nefertiti** – Carmen Seganfredo e A. S. Franchini
990.**On the Road – o manuscrito original** – Jack Kerouac
991.**Relatividade** – Russell Stannard
992.**Abaixo de zero** – Bret Easton Ellis
993(24).**Andy Warhol** – Mériam Korichi
994.**Maigret** – Simenon
995.**Os últimos casos de Miss Marple** – Agatha Christie
996.**Nico Demo** – Mauricio de Sousa
997.**Maigret e a mulher do ladrão** – Simenon
998.**Rousseau** – Robert Wokler
999.**Noite sem fim** – Agatha Christie
1000.**Diários de Andy Warhol (1)** – Editado por Pat Hackett
1001.**Diários de Andy Warhol (2)** – Editado por Pat Hackett
1002.**Cartier-Bresson: o olhar do século** – Pierre Assouline
1003.**As melhores histórias da mitologia: vol. 1** – A.S. Franchini e Carmen Seganfredo
1004.**As melhores histórias da mitologia: vol. 2** – A.S. Franchini e Carmen Seganfredo
1005.**Assassinato no beco** – Agatha Christie
1006.**Convite para um homicídio** – Agatha Christie
1007.**Um fracasso de Maigret** – Simenon
1008.**História da vida** – Michael J. Benton
1009.**Jung** – Anthony Stevens
1010.**Arsène Lupin, ladrão de casaca** – Maurice Leblanc
1011.**Dublinenses** – James Joyce
1012.**120 tirinhas da Turma da Mônica** – Mauricio de Sousa
1013.**Antologia poética** – Fernando Pessoa
1014.**A aventura de um cliente ilustre** ***seguido de*** **O último adeus de Sherlock Holmes** – Sir Arthur Conan Doyle
1015.**Cenas de Nova York** – Jack Kerouac
1016.**A corista** – Anton Tchékhov
1017.**O diabo** – Leon Tolstói
1018.**Fábulas chinesas** – Sérgio Capparelli e Márcia Schmaltz
1019.**O gato do Brasil** – Sir Arthur Conan Doyle
1020.**Missa do Galo** – Machado de Assis
1021.**O mistério de Marie Rogêt** – Edgar Allan Poe
1022.**A mulher mais linda da cidade** – Bukowski
1023.**O retrato** – Nicolai Gogol
1024.**O conflito** – Agatha Christie
1025.**Os primeiros casos de Poirot** – Agatha Christie
1026.**Maigret e o cliente de sábado** – Simenon
1027(25).**Beethoven** – Bernard Fauconnier
1028.**Platão** – Julia Annas
1029.**Cleo e Daniel** – Roberto Freire
1030.**Til** – José de Alencar
1031.**Viagens na minha terra** – Almeida Garrett
1032.**Profissões para mulheres e outros artigos feministas** – Virginia Woolf
1033.**Mrs. Dalloway** – Virginia Woolf
1034.**O cão da morte** – Agatha Christie
1035.**Tragédia em três atos** – Agatha Christie
1036.**Maigret hesita** – Simenon
1037.**O fantasma da Ópera** – Gaston Leroux
1038.**Evolução** – Brian e Deborah Charlesworth
1039.**Medida por medida** – Shakespeare
1040.**Razão e sentimento** – Jane Austen
1041.**A obra-prima ignorada** ***seguido de*** **Um episódio durante o Terror** – Balzac
1042.**A fugitiva** – Anaïs Nin
1043.**As grandes histórias da mitologia greco-romana** – A. S. Franchini
1044.**O corno de si mesmo & outras historietas** – Marquês de Sade
1045.**Da felicidade** ***seguido de*** **Da vida retirada** – Sêneca
1046.**O horror em Red Hook e outras histórias** – H. P. Lovecraft
1047.**Noite em claro** – Martha Medeiros
1048.**Poemas clássicos chineses** – Li Bai, Du Fu e Wang Wei
1049.**A terceira moça** – Agatha Christie
1050.**Um destino ignorado** – Agatha Christie
1051(26).**Buda** – Sophie Royer
1052.**Guerra Fria** – Robert J. McMahon
1053.**Simons's Cat: as aventuras de um gato travesso e comilão – vol. 1** – Simon Tofield
1054.**Simons's Cat: as aventuras de um gato travesso e comilão – vol. 2** – Simon Tofield
1055.**Só as mulheres e as baratas sobreviverão** – Claudia Tajes

1056.**Maigret e o ministro** – Simenon
1057.**Pré-história** – Chris Gosden
1058.**Pintou sujeira!** – Mauricio de Sousa
1059.**Contos de Mamãe Gansa** – Charles Perrault
1060.**A interpretação dos sonhos: vol. 1** – Freud
1061.**A interpretação dos sonhos: vol. 2** – Freud
1062.**Frufru Rataplã Dolores** – Dalton Trevisan
1063.**As melhores histórias da mitologia egípcia** – Carmem Seganfredo e A.S. Franchini
1064.**Infância. Adolescência. Juventude** – Tolstói
1065.**As consolações da filosofia** – Alain de Botton
1066.**Diários de Jack Kerouac – 1947-1954**
1067.**Revolução Francesa – vol. 1** – Max Gallo
1068.**Revolução Francesa – vol. 2** – Max Gallo
1069.**O detetive Parker Pyne** – Agatha Christie
1070.**Memórias do esquecimento** – Flávio Tavares
1071.**Drogas** – Leslie Iversen
1072.**Manual de ecologia (vol.2)** – J. Lutzenberger
1073.**Como andar no labirinto** – Affonso Romano de Sant'Anna
1074.**A orquídea e o serial killer** – Juremir Machado da Silva
1075.**Amor nos tempos de fúria** – Lawrence Ferlinghetti
1076.**A aventura do pudim de Natal** – Agatha Christie
1077.**Maigret no Picratt's** – Simenon
1078.**Amores que matam** – Patricia Faur
1079.**Histórias de pescador** – Mauricio de Sousa
1080.**Pedaços de um caderno manchado de vinho** – Bukowski
1081.**A ferro e fogo: tempo de solidão (vol.1)** – Josué Guimarães
1082.**A ferro e fogo: tempo de guerra (vol.2)** – Josué Guimarães
1083.**Carta a meu juiz** – Simenon
1084(17).**Desembarcando o Alzheimer** – Dr. Fernando Lucchese e Dra. Ana Hartmann
1085.**A maldição do espelho** – Agatha Christie
1086.**Uma breve história da filosofia** – Nigel Warburton
1087.**Uma confidência de Maigret** – Simenon
1088.**Heróis da História** – Will Durant
1089.**Concerto campestre** – L. A. de Assis Brasil
1090.**Morte nas nuvens** – Agatha Christie
1091.**Maigret no tribunal** – Simenon
1092.**Aventura em Bagdá** – Agatha Christie
1093.**O cavalo amarelo** – Agatha Christie
1094.**O método de interpretação dos sonhos** – Freud
1095.**Sonetos de amor e desamor** – Vários
1096.**120 tirinhas do Dilbert** – Scott Adams
1097.**124 fábulas de Esopo**
1098.**O curioso caso de Benjamin Button** – F. Scott Fitzgerald
1099.**Piadas para sempre: uma antologia para morrer de rir** – Visconde da Casa Verde
1100.**Hamlet (Mangá)** – Shakespeare
1101.**A arte da guerra (Mangá)** – Sun Tzu
1102.**Maigret na pensão** – Simenon
1103.**Meu amigo Maigret** – Simenon
1104.**As melhores histórias da Bíblia (vol.1)** – A. S. Franchini e Carmen Seganfredo
1105.**As melhores histórias da Bíblia (vol.2)** – A. S. Franchini e Carmen Seganfredo
1106.**Psicologia das massas e análise do eu** – Freud
1107.**Guerra Civil Espanhola** – Helen Graham
1108.**A autoestrada do sul e outras histórias** – Julio Cortázar
1109.**O mistério dos sete relógios** – Agatha Christie
1110.**Peanuts: Ninguém gosta de mim... (amor)** – Charles Schulz
1111.**Cadê o bolo?** – Mauricio de Sousa
1112.**O filósofo ignorante** – Voltaire
1113.**Totem e tabu** – Freud
1114.**Filosofia pré-socrática** – Catherine Osborne
1115.**Desejo de status** – Alain de Botton
1116.**Maigret e o informante** – Simenon
1117.**Peanuts: 120 tirinhas** – Charles Schulz
1118.**Passageiro para Frankfurt** – Agatha Christie
1119.**Maigret se irrita** – Simenon
1120.**Kill All Enemies** – Melvin Burgess
1121.**A morte da sra. McGinty** – Agatha Christie
1122.**Revolução Russa** – S. A. Smith
1123.**Até você, Capitu?** – Dalton Trevisan
1124.**O grande Gatsby (Mangá)** – F. S. Fitzgerald
1125.**Assim falou Zaratustra (Mangá)** – Nietzsche
1126. **Peanuts: É para isso que servem os amigos (amizade)** – Charles Schulz
1127(27).**Nietzsche** – Dorian Astor
1128.**Bidu: Hora do banho** – Mauricio de Sousa
1129.**O melhor do Macanudo Taurino** – Santiago
1130.**Radicci 30 anos** – Iotti
1131.**Show de sabores** – J.A. Pinheiro Machado
1132.**O prazer das palavras** – vol. 3 – Cláudio Moreno
1133.**Morte na praia** – Agatha Christie
1134.**O fardo** – Agatha Christie
1135.**Manifesto do Partido Comunista (Mangá)** – Marx & Engels
1136.**A metamorfose (Mangá)** – Franz Kafka
1137.**Por que você não se casou... ainda** – Tracy McMillan
1138.**Textos autobiográficos** – Bukowski
1139.**A importância de ser prudente** – Oscar Wilde
1140.**Sobre a vontade na natureza** – Arthur Schopenhauer
1141.**Dilbert (8)** – Scott Adams
1142.**Entre dois amores** – Agatha Christie
1143.**Cipreste triste** – Agatha Christie

UMA SÉRIE COM MUITA HISTÓRIA PRA CONTAR

Alexandre, o Grande, *Pierre Briant* | **Budismo,** *Claude B. Levenson* | **Cabala,** *Roland Goetschel* | **Capitalismo,** *Claude Jessua* | **Cérebro,** *Michael O'Shea* | **China moderna,** *Rana Mitter* | **Cleópatra,** *Christian-Georges Schwentzel* | **A crise de 1929,** *Bernard Gazier* | **Cruzadas,** *Cécile Morrisson* | **Dinossauros,** *David Norman* | **Economia: 100 palavras-chave,** *Jean-Paul Betbèze* | **Egito Antigo,** *Sophie Desplancques* | **Escrita chinesa,** *Viviane Alleton* | **Evolução,** *Brian e Deborah Charlesworth* | **Existencialismo,** *Jacques Colette* | **Geração Beat,** *Claudio Willer* | **Guerra da Secessão,** *Farid Ameur* | **História da medicina,** *William Bynum* | **História da vida,** *Michael J. Benton* | **Império Romano,** *Patrick Le Roux* | **Impressionismo,** *Dominique Lobstein* | **Islã,** *Paul Balta* | **Jesus,** *Charles Perrot* | **John M. Keynes,** *Bernard Gazier* | **Jung,** *Anthony Stevens* | **Kant,** *Roger Scruton* | **Lincoln,** *Allen C. Guelzo* | **Maquiavel,** *Quentin Skinner* | **Marxismo,** *Henri Lefebvre* | **Memória,** *Jonathan K. Foster* | **Mitologia grega,** *Pierre Grimal* | **Nietzsche,** *Jean Granier* | **Paris: uma história,** *Yvan Combeau* | **Platão,** *Julia Annas* | **Primeira Guerra Mundial,** *Michael Howard* | **Relatividade,** *Russel Stannard* | **Revolução Francesa,** *Frédéric Bluche, Stéphane Rials e Jean Tulard* | **Rousseau,** *Robert Wokler* | **Santos Dumont,** *Alcy Cheuiche* | **Sigmund Freud,** *Edson Sousa e Paulo Endo* | **Sócrates,** *Christopher Taylor* | **Teoria quântica,** *John Polkinghorne* | **Tragédias gregas,** *Pascal Thiercy* | **Vinho,** *Jean-François Gautier*

L&PMPOCKET**ENCYCLOPÆDIA**

Conhecimento na medida certa

IMPRESSÃO:

GRÁFICA EDITORA
Pallotti
IMAGEM DE QUALIDADE

Santa Maria - RS - Fone/Fax: (55) 3220.4500
www.pallotti.com.br